VIVA 2
Diagnose und individuelle Förderung

von
Annika Krämer

Vandenhoeck & Ruprecht

Bibliografische Information der Deutschen Nationalbibliothek

Die Deutsche Nationalbibliothek verzeichnet diese Publikation in der Deutschen Nationalbibliografie; detaillierte bibliografische Daten sind im Internet über http://dnb.d-nb.de abrufbar.

ISBN 978-3-525-71081-4
ISBN 978-3-647-71081-5 (E-Book)

© 2013, Vandenhoeck & Ruprecht GmbH & Co. KG, Göttingen/
Vandenhoeck & Ruprecht LLC, Bristol, CT, U.S.A.
www.v-r.de
Alle Rechte vorbehalten. Das Werk und seine Teile sind urheberrechtlich geschützt. Jede Verwertung in anderen als den gesetzlich zugelassenen Fällen bedarf der vorherigen schriftlichen Einwilligung des Verlages.
Printed in Germany.

Satz: SchwabScantechnik, Göttingen
Druck und Bindung: ⊕ Hubert & Co, Göttingen

Gedruckt auf alterungsbeständigem Papier.

Inhalt

Vorwort 4

Diagnosebögen zu den Lektionen 18–32 5

Freiarbeitsmaterial zur individuellen Förderung

Lektion 18 20

Lektion 19 23

Lektion 20 27

KNG-Domino zu den Lektionen 18–20 30

Lektion 21 31

Lektion 22 34

Lektion 23 37

KNG-Domino zu den Lektionen 21–23 41

Lektion 24 42

Lektion 25 45

Lektion 26 49

KNG-Domino zu den Lektionen 24–26 52

Lektion 27 53

Lektion 28 58

Lektion 29 63

KNG-Domino zu den Lektionen 27–29 65

Lektion 30 66

Lektion 31 71

Lektion 32 73

KNG-Domino zu den Lektionen 30–32 76

Lösungen zu den Diagnosebögen 77

Lösungen zum Freiarbeitsmaterial 83

Vorwort

Latein kann viel Spaß machen! – Vorausgesetzt man verirrt sich nicht im Dschungel der Kasusendungen und Stammformen und weiß am Ende gar nicht mehr, wozu die Kenntnis derselben eigentlich gut ist …
Dieses Buch möchte auf zweierlei Weise helfen, den Weg durch die komplexer werdende Grammatik hin zu einer angemessenen Übersetzungskompetenz zu bahnen.

Wie es bereits aus »VIVA 1 Diagnose und individuelle Förderung« bekannt ist, besteht auch dieser Band aus zwei Teilen.
Ein erster Teil stellt *Diagnosebögen* zur Verfügung, die auf die jeweilige Lektion des Lehrbuchs abgestimmt sind und helfen, auf unkomplizierte Weise den Kompetenzerwerb der Schülerinnen und Schüler zu überprüfen. Darüber hinaus schulen sie über die jeweils vorangestellte Aufforderung zur Selbsteinschätzung die Reflexionsfähigkeit der Schülerinnen und Schüler und gewährleisten nicht zuletzt Transparenz über Unterrichtsfortgang und eigene Lernfortschritte. So können die Kurztests auch zu Wiederholungszwecken – beispielsweise vor Klassenarbeiten – eingesetzt werden, um den Schülerinnen und Schülern möglichst klar und strukturiert vor Augen zu führen, was zu können bzw. von ihnen noch zu üben ist.
Im Lateinunterricht wird Leistungsheterogenität oftmals in Gestalt eines stark differierenden Arbeitstempos augenfällig. Vielfach bietet es sich dann an, den schnelleren Schülerinnen und Schülern vertiefendes Übungsmaterial darzureichen. Zu solchen Zwecken, für Freiarbeitsphasen oder aber zum selbstständigen Üben gibt der zweite Teil dieses Heftes weiteres *Material zur gezielten Förderung* an die Hand. Je nach individuellen Fehlerschwerpunkten können Übungen zu den verschiedenen Kompetenzbereichen ausgewählt werden. Der Fokus liegt auch in diesem Band auf der Sprachkompetenz, da Schwierigkeiten bei der Übersetzung allzu oft auf Lücken in den Bereichen Wortschatz und Formenlehre zurückzuführen sind.
Die Wortschatzübungen (Wortschatz-Memory und Wortschatz-Activity) sind als Partner- oder Gruppenarbeit angelegt, alle anderen Übungen lassen sich auch in Einzelarbeit bearbeiten.
Die Formenübungen sind unterschiedlichen Schwierigkeitsgrades. Neben Übungen zum Erkennen (Wortgitter), Bestimmen (Formenbestimmung) und Zuordnen (Formensalat, Formendomino) von Formen finden sich auch Übungen zur Formenbildung (Kreuzworträtsel, Formenbausteine, Formenkette), die für stärkere, formensichere Schülerinnen und Schüler geeignet sind.
Auch bei den Syntaxübungen ist nach Schwierigkeit differenziert worden: So ermöglichen manche Übungen, sich dem grammatischen Gegenstand (z.B. Irrealis) zunächst auf Deutsch zu nähern, während andere Aufgaben beispielsweise auf das Vervollständigen lateinischer Sätze abzielen.
Für alle Übungen gilt, dass sie an den Wortschatz und die Inhalte der jeweiligen Lektion angepasst sind. Größtenteils liegt ihnen zudem ein spielerischer Charakter zugrunde: Lösungswörter ermöglichen ein direktes Feedback. Manche Übungen dagegen geben Rätsel auf oder bieten Puzzleteile, die zum Knobeln herausfordern und somit – Einsatz und Ausdauer vorausgesetzt – Spaß an der Sache versprechen können.

In diesem Sinne wünsche ich allen, die mit diesem Buch arbeiten, viel Spaß!

Göttingen, Mai 2013
Annika Krämer

Diagnosebogen zu Lektion 18

Schätze dich zuerst selbst ein. Bearbeite dann die Aufgaben und überprüfe anhand der erreichten Punkte deine Selbsteinschätzung.

Ich kann …

	6–5 ☺	4,5–3 ☹	2,5–0 ☹
… die Bedeutungen der neuen Lernwörter richtig angeben (Wortschatz).			
… die Adjektive der 3. Deklination korrekt bestimmen (Grammatik).			
… Adjektive nach der KNG-Regel richtig zuordnen (Grammatik).			
… darstellen, wer Cicero war (Kultur).			

1. Gib die deutschen Bedeutungen an. (1 Punkt pro Wort)

laudare _____   oratio _____

omnis _____   praedicare _____

tollere _____   dum _____

2. Trage die Formen in die Tabelle ein. (1 Punkt pro Eintrag)

nobilis (2x) – nobili (2x) – nobilium (1x) – nobilem (1x)

	Singular		Plural	
	m./f.	*n.*	*m./f.*	*n.*
Nom.				
Gen.				
Dat.				
Akk.				
Abl.				

3. Unterstreiche das KNG-kongruente Adjektiv. (1 Punkt pro Form)

a) somnus   (dulcibus, dulce, dulcis)   d) togae   (elegantis, elegans, elegantia)

b) virorum (nobilium, nobiles, nobili)   e) Romani (omnia, omnes, omnium)

c) orationi (acria, acri, acres)   f) verba   (singulari, singularem, singularia)

4. Stelle dar, wer Cicero war.

_____

_____

_____

Diagnosebogen zu Lektion 19

Schätze dich zuerst selbst ein. Bearbeite dann die Aufgaben und überprüfe anhand der erreichten Punkte deine Selbsteinschätzung.

Ich kann …

… die Bedeutungen der neuen Lernwörter richtig angeben (Wortschatz).
… die Formen von *qui, quae, quod* korrekt bestimmen (Grammatik).
… Relativsätze richtig übersetzen (Grammatik).
… darstellen, wer Caesar war (Kultur).

	6–5	4,5–3	2,5–0
	☺	☺	☹

1. Gib die deutschen Bedeutungen an. (1 Punkt pro Wort)

tenere _____   opprimere _____

liber _____   fatum _____

solvere _____   effugere _____

2. Trage die Formen in die Tabelle ein. (0,5 Punkte pro Eintrag)

qui (2x) – quibus (2x) – cui (1x) – quae (4x) – quas (1x) – quod (2x)

	Singular			Plural		
	m.	f.	n.	m.	f.	n.
Nom.						
Gen.						
Dat.						
Akk.						
Abl.						

3.1 Markiere jeweils das Relativpronomen und sein Bezugswort. (1 Punkt pro Satz)

a) Viri, qui navem oppresserunt, nunc obsides poscunt.

b) Insula, quam videtis, magna est.

3.2 Übersetze die Sätze angemessen ins Deutsche. (2 Punkt pro Satz)

a) _____

b) _____

4. Stelle dar, wer Caesar war.

_____

_____

Diagnosebogen zu Lektion 20

Schätze dich zuerst selbst ein. Bearbeite dann die Aufgaben und überprüfe anhand der erreichten Punkte deine Selbsteinschätzung.

	6–5	4,5–3	2,5–0
	☺	😐	☹

Ich kann …

… die Bedeutungen der neuen Lernwörter richtig angeben (Wortschatz).
… Plusquamperfektformen von anderen Tempora unterscheiden (Grammatik).
… Plusquamperfektformen korrekt bestimmen und übersetzen (Grammatik).
… einen relativen Satzanschluss erkennen und richtig übersetzen (Grammatik).
… erklären, welche Bedeutung Aeneas für das römische Volk hatte (Kultur).

1. Gib die deutschen Bedeutungen an. (1 Punkt pro Wort)

gravis _____   cognoscere _____

condere _____   causa _____

qua de causa _____   imponere _____

2. Unterstreiche die Formen im Plusquamperfekt. (richtige Form 1 P., falsche Form -1 P.)

adii – oppresserat – clamat – laudaverant – cognoveras – aedificabam – discimus – amiseram – metuerunt – simulaveratis – terreo – credideramus – comprehendebat

3. Bestimme folgende Formen (Person, Numerus, Tempus) und übersetze sie.
(3 Punkte pro Form: 1 P. Bestimmung, 2 P. Übersetzung)

a) condiderat _____ Person _____ _____ _____

b) dixeramus _____ Person _____ _____ _____

4. Übersetze die Sätze angemessen ins Deutsche. (jeweils 3 Punkte)

a) Aeneas umbram Didonis vidit. Quae se gladio necaverat.

_____

b) Dido se gladio necavit. Quam Aeneas reliquerat.

_____

5. Wer war Aeneas? Kreuze an.

☐ Verfasser der Aeneis   ☐ Stammvater der Römer   ☐ Patron des Vergil

Diagnosebogen zu Lektion 21

Schätze dich zuerst selbst ein. Bearbeite dann die Aufgaben und überprüfe anhand der erreichten Punkte deine Selbsteinschätzung.

Ich kann …

	6–5 ☺	4,5–3 😐	2,5–0 ☹
… die Bedeutungen der neuen Lernwörter richtig angeben (Wortschatz).			
… Konjunktivformen von Indikativformen unterscheiden (Grammatik).			
… die Konjunktivformen von Impf. und Plqpf. korrekt bestimmen (Grammatik).			
… den Irrealis der Gegenwart/Vergangenheit richtig übersetzen (Grammatik).			
… beschreiben, wie ein Triumphzug ablief (Kultur).			

1. Gib die deutschen Bedeutungen an. (1 Punkt pro Wort)

parcere _____ cernere _____

mirus _____ oppugnare _____

hostis _____ nisi _____

2. Unterstreiche alle Formen im Konjunktiv. (richtige Form 1 P., falsche Form -1 P.)

venisses – oppugnavit – studerem – capiunt – properaveramus – fecissent – appellant – vinceremus – fuisset – docuisti – laudabamus – monebo – clamaretis

3. Kreuze an: Konjunktiv Imperfekt oder Konjunktiv Plusquamperfekt? (1,5 Punkte pro Form)

a) tolleremus: ☐ Konj. Impf. ☐ Konj. Plqpf. c) docuisset: ☐ Konj. Impf. ☐ Konj. Plqpf.

b) vidissem: ☐ Konj. Impf. ☐ Konj. Plqpf. d) cerneres: ☐ Konj. Impf. ☐ Konj. Plqpf.

4.1 Bestimme die Prädikate: Irrealis der Gegenwart (GW) oder Irrealis der Vergangenheit (VH)?
(1 Punkt pro Prädikat)

Si magis <u>properavisses</u>, nunc triumphum <u>videremus</u>.

GW ☐ / VH ☐   GW ☐ / VH ☐

4.2 Übersetze angemessen ins Deutsche. (2 Punkte pro richtiger Übersetzung des Prädikats)

_____

5. Beschreibe, wie ein Triumphzug ablief.

_____
_____
_____

Diagnosebogen zu Lektion 22

Schätze dich zuerst selbst ein. Bearbeite dann die Aufgaben und überprüfe anhand der erreichten Punkte deine Selbsteinschätzung.

Ich kann …

	6–5	4,5–3	2,5–0
	☺	😐	☹
… die Bedeutungen der neuen Lernwörter richtig angeben (Wortschatz).			
… konjunktivische Nebensätze richtig übersetzen (Grammatik).			
… in konj. Nebensätzen Gleich-/Vorzeitigkeit richtig übersetzen (Grammatik).			
… konj. *ut*- und *cum*-Sätze je nach Kontext angemessen übersetzen (Grammatik).			

1. Gib die deutschen Bedeutungen an. (1 Punkt pro Wort)

contingere _____   audere _____

vulgus _____   primo _____

sapere _____   considere _____

2. Vervollständige die Merksätze. (3 Punkte pro Lücke)

Der Konjunktiv in lateinischen Nebensätzen wird in der Regel im Deutschen mit

_____ (Indikativ/Konjunktiv) wiedergegeben.

Eine Ausnahme sind _____ (cum-Sätze/ut-Sätze/si-Sätze).

3. Bestimme die Prädikate und triff eine Aussage über das Zeitverhältnis: gleichzeitig (GZ) oder vorzeitig (VZ)? Dann übersetze. (3 Punkte pro Satz: 1 Punkt Zeitverhältnis, 2 Punkte Übersetzung)

a) Lucius in hortum venit, cum Fulvia flores <u>carperet</u>.   GZ ☐ / VZ ☐

Lucius kam in den Garten, (als/nachdem) _____

b) Cum Fulvia flores domum <u>portavissent</u>¹, liberi urbem petiverunt.   GZ ☐ / VZ ☐

(Als/Nachdem) _____, *gingen die Kinder in die Stadt.*

1 portare: tragen, bringen

4. Wähle die richtige Übersetzung aus. (3 Punkte pro Satz)

a) Iuno irata erat, <u>cum</u> Iuppiter maritus iterum atque iterum alias mulieres amaret.

Juno war zornig, … *obwohl ihr Mann Jupiter immer wieder andere Frauen liebte.* ☐
   … *weil ihr Mann Jupiter immer wieder andere Frauen liebte.* ☐

b) Iuno tam irata erat, <u>ut</u> magna voce maritum reprehenderet.

Juno war so zornig, … *damit sie ihren Mann mit lauter Stimme tadelte.* ☐
   … *dass sie ihren Mann mit lauter Stimme tadelte.* ☐

Diagnosebogen zu Lektion 23

Schätze dich zuerst selbst ein. Bearbeite dann die Aufgaben und überprüfe anhand der erreichten Punkte deine Selbsteinschätzung.

Ich kann ...

	6–5 ☺	4,5–3 😐	2,5–0 ☹
... die Bedeutungen der neuen Lernwörter richtig angeben (Wortschatz).			
... die Konjunktivformen der verschiedenen Tempora unterscheiden (Grammatik).			
... in konj. Nebensätzen Gleich-/Vorzeitigkeit richtig übersetzen (Grammatik).			
... beschreiben, wie in Rom Saturnalienfeste abliefen (Kultur).			

1. Gib die deutschen Bedeutungen an. (1 Punkt pro Wort)

decet _____   solere _____

mos _____   enim _____

obtinere _____   libertas _____

2. Kreuze an: Um welchen Konjunktiv handelt es sich? (1,5 Punkte pro Form)

a) venissem   ☐ Konj. Präs.   ☐ Konj. Perf.   ☐ Konj. Impf.   ☐ Konj. Plqpf.
b) cupias   ☐ Konj. Präs.   ☐ Konj. Perf.   ☐ Konj. Impf.   ☐ Konj. Plqpf.
c) feceritis ☐ Konj. Präs.   ☐ Konj. Perf.   ☐ Konj. Impf.   ☐ Konj. Plqpf.
d) laudaremus ☐ Konj. Präs.   ☐ Konj. Perf.   ☐ Konj. Impf.   ☐ Konj. Plqpf.

3.1 Vervollständige die Merksätze, indem du jeweils die falsche Lösung streichst. (je 1 Punkt)

Konj. Präs./Konj. Impf. im Nebensatz werden (gleichzeitig/vorzeitig) zum Hauptsatz übersetzt.

Konj. Perf./Konj. Plqpf. im Nebensatz werden (gleichzeitig/vorzeitig) zum Hauptsatz übersetzt.

3.2 Bestimme die Prädikate und triff eine Aussage über das Zeitverhältnis: gleichzeitig (GZ) oder vorzeitig (VZ)? Dann übersetze. (2 Punkte pro Satz, 1 P. Zeitverhältnis, 1 P. Übersetzung)

a) Servi deliberant, cur non semper Saturnalia esse <u>possint</u>.   GZ ☐ / VZ ☐

   Die Sklaven überlegen, warum nicht immer _____

b) Tum servi dominum reprehendunt, cum officia non <u>fecerit</u>.   GZ ☐ / VZ ☐

   Dann tadeln die Sklaven ihren Herrn, weil er _____

4. Beschreibe, wie in Rom die Saturnalienfeste abliefen.

_____

_____

Diagnosebogen zu Lektion 24

Schätze dich zuerst selbst ein. Bearbeite dann die Aufgaben und überprüfe anhand der erreichten Punkte deine Selbsteinschätzung.

Ich kann ...

	6–5	4,5–3	2,5–0
	😊	😐	☹
... die Bedeutungen der neuen Lernwörter richtig angeben (Wortschatz).			
... die Formen der e-Deklination korrekt bestimmen (Grammatik).			
... die Formen der u-Deklination korrekt bestimmen (Grammatik).			
... den Genitiv je nach Kontext sinnvoll übersetzen (Grammatik).			
... erklären, was der Hadrianswall ist (Kultur).			

1. **Gib die deutschen Bedeutungen an.** (1 Punkt pro Wort)

   praeesse _____   audax _____

   spes _____   mittere _____

   pellere _____   obsecrare _____

2. **e-Deklination: Bestimme folgende Formen nach Kasus, Numerus und Genus (KNG). Achtung: Manche Formen sind mehrdeutig!** (1 Punkt pro richtigem Kasus)

   Bsp.: rebus: Dat. Pl. f. / Abl. Pl. f.

   a) rem _____   c) res _____

   b) rei _____

3. **u-Deklination: Bestimme folgende Formen nach Kasus, Numerus und Genus (KNG). Achtung: Manche Formen sind mehrdeutig!** (1 Punkt pro richtigem Kasus)

   a) manu _____   c) manuum _____

   b) manus _____

4. **Übersetze den Ausdruck.** (jeweils 3 Punkte)

   vis corporis _____   b) spes pacis _____

5. **Erkläre, worum es sich beim sogenannten Hadrianswall handelt.**

   _____

   _____

Diagnosebogen zu Lektion 25

Schätze dich zuerst selbst ein. Bearbeite dann die Aufgaben und überprüfe anhand der erreichten Punkte deine Selbsteinschätzung.

Ich kann ...

	6–5 ☺	4,5–3 😐	2,5–0 ☹
... die Bedeutungen der neuen Lernwörter richtig angeben (Wortschatz).			
... Passivformen von Aktivformen unterscheiden (Grammatik).			
... die Passivformen von Perf. und Plqpf. korrekt bestimmen (Grammatik).			
... Passivsätze richtig übersetzen (Grammatik).			
... erklären, warum der Vesuvausbruch ein »historischer Glücksfall« war (Kultur).			

1. Gib die deutschen Bedeutungen an. (1 Punkt pro Wort)

timor _____ perire _____

prohibere _____ complures _____

deinde _____ aperire _____

2. Unterstreiche alle Formen im Passiv. (richtige Form 1 P., falsche Form -1 P.)

effugimus – oppressi sunt – credidit – monueram – pulsus erat – poposcit – capti sumus – pervenerunt – conditum est – feceras – aedificatae erant – cupivi – audiverant – laudata eras

3. Bestimme folgende Formen (Person, Numerus, Modus, Tempus, Genus Verbi). (2 Punkte pro Form)
Bsp.: laudata sit: 3. Person Sg. Konjunktiv Perfekt Passiv

a) oppressi sumus ____ Person _____ _____ _____ _____

b) defensa essent ____ Person _____ _____ _____ _____

c) pulsus erat ____ Person _____ _____ _____ _____

4. Übersetze angemessen ins Deutsche. (3 Punkte pro Satz)

a) Homines flammis lapidibusque necati sunt. _____

b) Etiam totum oppidum deletum est. _____

5. Erkläre, warum der Vesuvausbruch historisch gesehen ein »Glücksfall« war.

_____
_____
_____

Diagnosebogen zu Lektion 26

Schätze dich zuerst selbst ein. Bearbeite dann die Aufgaben und überprüfe anhand der erreichten Punkte deine Selbsteinschätzung.

Ich kann …

	6–5 ☺	4,5–3 😐	2,5–0 ☹
… die Bedeutungen der neuen Lernwörter richtig angeben (Wortschatz).			
… Passivformen von Aktivformen unterscheiden (Grammatik).			
… die Passivformen von Präs./Impf./Fut. korrekt bestimmen (Grammatik).			
… Passivsätze richtig übersetzen (Grammatik).			
… darstellen, wer Plinius der Jüngere war (Kultur).			

1. Gib die deutschen Bedeutungen an. (1 Punkt pro Wort)

vetus _____ valere _____

cedere _____ iuvenis _____

quamvis _____ statuere _____

2. Unterstreiche alle Passivformen (richtige Form 1 Punkt; falsche Form -1 Punkt)

audimini – respondebamus – mittit – agebantur – narrabitis – laudabitur – capiebas – regetis – monebar – opprimit – faciebant – laudaris – exstinguent – intellegemur – relinquunt

3. Bestimme folgende Formen (Person, Numerus, Modus, Tempus, Genus Verbi). (2 Punkte pro Form)
Bsp.: faceretur: 3. Person Sg. Konjunktiv Imperfekt Passiv

a) deletur   ____ Person _____ _____ _____ _____

b) monebamur   ____ Person _____ _____ _____ _____

c) caperentur ____ Person _____ _____ _____ _____

4. Vervollständige die Übersetzungen. Achte dabei genau auf das Tempus! (3 Punkte pro Satz)

a) Ubique tecta ruunt, ut multi a fuga[1] prohibeantur.
   Überall stürzen die Dächer ein, sodass viele an der Flucht _____

b) Iterum atque iterum nox flammis illustrabatur[2].
   Immer wieder _____ *die Nacht von Flammen* _____

1 **fuga,** ae: Flucht – 2 **illustrare:** erleuchten

5. Stelle dar, wer Plinius der Jüngere war.

_____

_____

Diagnosebogen zu Lektion 27

Schätze dich zuerst selbst ein. Bearbeite dann die Aufgaben und überprüfe anhand der erreichten Punkte deine Selbsteinschätzung.

Ich kann …

	6–5 ☺	4,5–3 😐	2,5–0 ☹
… die Bedeutungen der neuen Lernwörter richtig angeben (Wortschatz).			
… die Formen des Partizip Präsens Aktiv richtig bestimmen (Grammatik).			
… das PC im Satz erkennen und richtig markieren (Grammatik).			
… das PC je nach Kontext sinnvoll übersetzen (Grammatik).			
… erklären, worum es sich bei dem sogenannten Parisurteil handelt (Kultur).			

1. **Gib die deutschen Bedeutungen an.** (1 Punkt pro Wort)

   persuadere _____ sapientia _____

   ceteri _____ decernere _____

   favere _____ praestare _____

2. **Partizip Präsens Aktiv: Bestimme folgende Formen nach Kasus, Numerus und Genus. Achtung: Manche Formen sind mehrdeutig!** (1 Punkt pro richtigem Kasus)

   Bsp.: dicenti: Dat. Sg. m./f./n.

   a) iudicante _____ c) clamantibus _____

   b) vocantes _____ d) faventium _____

3. **Markiere jeweils das Partizip und das Bezugswort.** (3 Punkte pro Satz)

   a) Deae Paridem dubitantem donis persuadere cupiunt.

   b) Helena maritum suum amans cum Paride Troiam it.

4. **Übersetze die Sätze aus Aufgabe 3 angemessen ins Deutsche.** (3 Punkte pro Satz)

   a) _____

   b) _____

5. **Wer waren die drei steitenden Göttinnen, über die Paris ein Urteil fällen sollte? Kreuze an.**

   ☐ Discordia, Iuno, Venus   ☐ Iuno, Minerva, Venus   ☐ Minerva, Thetis, Iuno

Diagnosebogen zu Lektion 28

Schätze dich zuerst selbst ein. Bearbeite dann die Aufgaben und überprüfe anhand der erreichten Punkte deine Selbsteinschätzung.

	6–5 ☺	4,5–3 ☺	2,5–0 ☹

Ich kann …

… die Bedeutungen der neuen Lernwörter richtig angeben (Wortschatz).
… das Partizip Perfekt Passiv seinem Bezugswort zuordnen (Grammatik).
… das PC im Satz erkennen und richtig markieren (Grammatik).
… beim PC Vor-/Gleichzeitigkeit unterscheiden und übersetzen (Grammatik).

1. Gib die deutschen Bedeutungen an. (1 Punkt pro Wort)

sacer _____   commovere _____

interficere _____   arx _____

preces _____   punire _____

2. Unterstreiche das KNG-kongruente Substantiv. (1 Punkt pro Form)

a) capti   (viri, imperium, armis)   d) victas   (nationes, militis, flammam)
b) promissam (puellae, pecuniam, cladis)   e) laesae   (corpora, pietatem, famae)
c) gestarum (negotia, rerum, bellis)   f) commotus   (rei, miles, animum)

3. Markiere jeweils die Partizipkonstruktion und das Bezugswort. (3 Punkte pro Satz)

a) Troiani a Laocoonte moniti equum in urbem traxerunt.

b) Graeci noctem exspectantes in equo remanserunt.

4. Übersetze die Sätze aus Aufgabe 3 ins Deutsche. Bestimme dafür zuerst die Partizipien (→ Zeitverhältnis und Aktiv/Passiv). (3 Punkte pro Satz: je 0,5 P. für Zeitverhältnis und Genus verbi, 2 P. für Übersetzung)

a) Zeitverhältnis: ☐ GZ / ☐ VZ   Genus verbi: ☐ aktiv / ☐ passiv

Übersetzung: _____

_____

b) Zeitverhältnis: ☐ GZ / ☐ VZ   Genus verbi: ☐ aktiv / ☐ passiv

Übersetzung: _____

_____

Diagnosebogen zu Lektion 29

Schätze dich zuerst selbst ein. Bearbeite dann die Aufgaben und überprüfe anhand der erreichten Punkte deine Selbsteinschätzung.

Ich kann …

… die Bedeutungen der neuen Lernwörter richtig angeben (Wortschatz).
… die Formen der Pronomina *hic* und *ille* richtig bestimmen (Grammatik).
… die Formen von *ferre* korrekt bestimmen (Grammatik).
… Abenteuer des Irrfahrers Odysseus benennen (Kultur).

	6–5	4,5–3	2,5–0
	☺	😐	☹

1. Gib die deutschen Bedeutungen an. (1 Punkt pro Wort)

incendere _____   unda _____

mortalis _____   praecipere _____

adhibere _____   rectus _____

2. Trage die Formen von *hic, haec, hoc* und *ille, illa, illud* in die Tabelle ein. (0,5 Punkte pro Eintrag)

hos – hi – horum (2x) – his (2x) – illud (2x) – illam – illius – illo (2x)

	Singular			Plural		
	m.	f.	n.	m.	f.	n.
Nom.						
Gen.						
Dat.						
Akk.						
Abl.						

3. Bestimme die Formen von *ferre* (Person, Numerus, Modus, Tempus, Genus verbi). (2 P. pro Form)

a) feras   ___ Person _____ _____ _____

b) ferebantur ___ Person _____ _____ _____

c) tulimus   ___ Person _____ _____ _____

4. Nenne drei Abenteuer, die Odysseus auf seinen Irrfahrten erlebt.

_____
_____
_____

Diagnosebogen zu Lektion 30

Schätze dich zuerst selbst ein. Bearbeite dann die Aufgaben und überprüfe anhand der erreichten Punkte deine Selbsteinschätzung.

Ich kann ...

... die Bedeutungen der neuen Lernwörter richtig angeben (Wortschatz).
... den Abl. abs. im Satz erkennen (Grammatik).
... beim Abl. abs. Vor-/Gleichzeitigkeit richtig übersetzen (Grammatik).
... für den Abl. abs. unterschiedliche Übersetzungen finden (Grammatik).

	6–5	4,5–3	2,5–0
	☺	😐	☹

1. Gib die deutschen Bedeutungen an. (1 Punkt pro Wort)

pons _____   munire _____

constituere _____   evenire _____

procedere _____   plures _____

2. Markiere jeweils den Abl. abs. mit einer Klammer. (3 Punkte pro Satz)

a) Militibus Romanis procedentibus Germani se in silvas abdiderunt.

b) Pluribus legionibus amissis imperator constituit se trans flumen recipere.

3. Übersetze die Sätze aus Aufgabe 3 ins Deutsche. Bestimme dafür zuerst die Partizipien (→ Zeitverhältnis und Aktiv/Passiv). (3 Punkte pro Satz: je 0,5 P. für Zeitverhältnis und Genus verbi, 2 P. für Übersetzung)

a) Zeitverhältnis: ☐ GZ / ☐ VZ   Genus verbi: ☐ aktiv / ☐ passiv

Übersetzung: _____

_____

b) Zeitverhältnis: ☐ GZ / ☐ VZ   Genus verbi: ☐ aktiv / ☐ passiv

Übersetzung: _____

_____

4. Kreuze an: Welche Übersetzung ist richtig, welche falsch? (richtige Auswahl 1,5 P., falsche Auswahl -1,5 P.)

[Flumine transito] imperator exercitum per paludem duxit.

	✔	✘
Während sie den Fluss überquerten, führte der Feldherr sein Heer durch den Sumpf.		
Nach der Überquerung des Flusses führte der Feldherr sein Heer durch den Sumpf.		
Nachdem sie den Fluss überquert hatten, führte der Feldherr sein Heer durch den Sumpf.		
Indem der Fluss überquert wird, führt der Feldherr sein Heer durch den Sumpf.		

Diagnosebogen zu Lektion 31

Schätze dich zuerst selbst ein. Bearbeite dann die Aufgaben und überprüfe anhand der erreichten Punkte deine Selbsteinschätzung.

Ich kann ...

	6–5	4,5–3	2,5–0
	☺	😐	☹
... die Bedeutungen der neuen Lernwörter richtig angeben (Wortschatz).			
... erklären, was ein nominaler Abl. abs. ist (Grammatik).			
... den Abl. abs. im Satz erkennen (Grammatik).			
... den Abl. abs. je nach Kontext sinnvoll übersetzen (Grammatik).			
... eine antike literarische Quelle über die Germanen benennen (Kultur).			

1. Gib die deutschen Bedeutungen an. (1 Punkt pro Wort)

auctor _____   caedere _____

crescere _____   quam ob rem _____

castra _____   convivium _____

2. Erkläre, worin sich der nominale Abl. abs. vom »normalen« Abl. abs. unterscheidet.

_____
_____

3. Markiere jeweils den Abl. abs. mit einer Klammer. (2 Punkte pro Satz)

a) Traiano duce Romani contra barbaros pugnaverunt.

b) Hostibus pulsis milites se in castra receperunt.

c) Imperatore auctore lex[1] nova constituta est.
   1 lex, legis *f.:* Gesetz

4. Übersetze die Sätze aus Aufgabe 3 angemessen ins Deutsche (2 Punkte pro Satz)

a) _____
b) _____
c) _____

5. Von welchem antiken Autor erfahren wir etwas über germanische Stämme? Kreuze an.

☐ Cicero   ☐ Tacitus   ☐ Ovid

Diagnosebogen zu Lektion 32

Schätze dich zuerst selbst ein. Bearbeite dann die Aufgaben und überprüfe anhand der erreichten Punkte deine Selbsteinschätzung.

Ich kann …

	6–5 ☺	4,5–3 ☹	2,5–0 ☹
… die Bedeutungen der neuen Lernwörter richtig angeben (Wortschatz).			
… Adverbien von anderen Wortarten unterscheiden (Grammatik).			
… den Genitiv/Ablativ der Beschaffenheit richtig übersetzen (Grammatik).			
… erläutern, warum Christen im Römischen Reich verfolgt wurden (Kultur).			

1. Gib die deutschen Bedeutungen an. (1 Punkt pro Wort)

committere _____ res publica _____

occultus _____ suscipere _____

se praebere _____ caput _____

2. Unterstreiche alle Adverbien. (richtige Form 1 P., falsche Form -1 P.)

amore – pulchritudine – publice – oratione – crudeliter – suscipe – pater – bene – nomine – graviter – tace – homine – acriter – probe – resiste

3. Übersetze angemessen ins Deutsche. (jeweils 2 Punkte)

a) vir summo honore _____

b) dona magni pretii _____

c) homo magna crudelitate _____

4. Erläutere, warum Christen im Römischen Reich verfolgt wurden.

_____
_____
_____
_____

Freiarbeit Lektion 18

1. Wortschatzmemory

studium	**praedicare**	**discere**	**nobilis**
Eifer; Interesse; Beschäftigung	laut verkünden; rühmen	lernen; erfahren	berühmt; adlig; edel
laudare	**apud**	**humanitas**	**tollere**
loben	*(+ Akk.)* bei	Menschlichkeit; Bildung	1. aufheben: hochheben 2. aufheben: beseitigen
omnis; omnes	**locus**	**acer**	**oratio**
1. jeder 2. ganz Pl.: alle	Ort	scharf; heftig	Rede

2. Activity
**Präsentiere folgende Begriffe, indem du sie umschreibst, zeichnest oder pantomimisch darstellst.
Deine Mitschüler müssen sie erraten und die deutschen Bedeutungen nennen.**

eloquentia	**omnis**	**discipulus**
nicht benutzen: Rede halten, gut, Publikum	*nicht benutzen:* Gruppe, zusammen	*nicht benutzen:* Schule, Klasse, melden
laudare	**somnus**	**doctus**
nicht benutzen: Aufgabe, Belohnung, gut	*nicht benutzen:* Nacht, Bett, träumen	*nicht benutzen:* schlau, lernen, Universität

3. Wortgitter
**Begib dich auf die Suche nach Adjektiv-Formen!
Wenn du alle 10 Formen gefunden hast, notiere sie auf der rechten Seite (die waagerechten der Reihenfolge nach von oben nach unten, die senkrechten von links nach rechts).
Wie lautet das Lösungswort?**

X	A	P	O	U	L	M	P	C	S	D	V	N	D	R
N	R	Q	E	N	G	I	V	S	T	U	L	T	I	S
D	H	L	B	T	H	L	S	M	Q	L	G	C	U	M
E	I	X	E	P	O	A	T	S	O	C	I	E	C	Q
N	R	M	L	B	N	O	B	I	L	I	S	P	U	A
A	C	R	E	V	E	C	O	N	T	B	I	L	N	B
H	T	O	G	L	S	S	P	G	H	U	E	M	D	S
Q	B	R	A	N	T	I	Q	U	I	S	Q	A	U	H
D	N	X	N	M	U	T	N	L	V	D	G	B	M	C
L	S	L	T	O	M	R	C	A	P	O	I	S	M	X
C	P	N	I	G	U	D	P	R	O	B	U	S	R	P
M	S	Q	S	X	S	L	R	I	N	I	N	T	L	E

waagerecht:
_ _ _ _ _ _ _ 3
_ _ _ _ _ _ _ 9
_ _ _ _ 5
_ _ _ _ _ _ 10
_ _ _ _ _ 7

senkrecht:
_ _ _ _ _ _ _ 1
_ _ _ _ _ _ 8
_ _ _ _ _ _ _ 4
_ _ _ _ _ _ 6
_ _ _ _ _ _ _ 2

Lösungswort: _ _ _   _ _ _ _ _ _ _
            1 2 3   4 5 6 7 8 9 10

Freiarbeit Lektion 18

4. Formensalat: Ordne Substantive und Adjektive einander zu.

milites
puella
pugnis
verba
virum

nobilem
dulcis
meliores
acribus
singularia

5. Sätze ergänzen: Füge die richtige Adjektivform ein und übersetze den Satz. Wie heißt das Lösungswort?

a) Lucius in insula _____ studere cupit.

b) Pater dicit *scholam* locum _____ esse.

c) Filium verbis _____ reprehendit:

d) Viri _____ otio se non dant!

e) Oratio _____ homines movere potest.

f) _____ Romani eloquentiam diligunt.

dulces **(B)**   dulci **(R)**
meliorem **(H)** meliori **(I)**
acribus **(O)**   acre **(A)**
nobilis **(L)**   nobiles **(D)**
singularis **(O)** singulare **(T)**
omnium **(V)**   omnes **(S)**

Lösungswort: _____

6. Quiz: Was weißt du über Cicero?

a) Wie lautet der vollständige Name Ciceros?
   A) Publius Licinius Cicero   B) Gaius Iulius Cicero
   C) Marcus Tullius Cicero   D) Lucius Pomponius Cicero

b) Wann hat Cicero gelebt?
   A) 106–43 v. Chr.   B) 43 v. Chr.–106 n. Chr.
   C) 43–106 n. Chr.   D) 106 v. Chr.–43 n. Chr.

c) Wie gelangte der junge Cicero zu Ruhm?
   A) sportliche Erfolge   B) Entdecker der Kichererbse
   C) Malerei   D) Gerichtsreden

d) Wo absolvierte Cicero einen Teil seines Rhetorikstudiums?
   A) Amerika   B) Griechenland
   C) Indien   D) Afrika

Freiarbeit Lektion 19

1. Wortschatzmemory

poscere	**opprimere**	**orbis**	**nemo**
fordern	1. niederdrücken; bedrohen 2. überfallen	Kreis	niemand
līber	**proponere**	**cavēre**	**fatum**
frei	vorlegen; vorschlagen	*(+ Akk.)* sich vor *etw.* hüten	Götterspruch; Schicksal
tenēre	**qui, quae, quod**	**terrēre**	**regere**
halten; haben	der, die, das *(Relativpronomen)*	*jdn.* erschrecken	lenken; leiten; beherrschen

Freiarbeit Lektion 19

2. Activity
Präsentiere folgende Begriffe, indem du sie umschreibst, zeichnest oder pantomimisch darstellst.
Deine Mitschüler müssen sie erraten und die deutschen Bedeutungen nennen.

sponte	solvere	navis
nicht benutzen: gerne, Zwang, schön	*nicht benutzen:* Fessel, Geld, Geschäft	*nicht benutzen:* Meer, rudern, Flotte
effugere	periculum	poena
nicht benutzen: weglaufen, Gefangenschaft	*nicht benutzen:* Bedrohung, Risiko	*nicht benutzen:* Verbrechen, ungezogen

3. Wortgitter
Begib dich auf die Suche nach Formen von *is, ea, id* und *qui, quae, quod*.
Wenn du alle 10 Formen (und den Oberbegriff) gefunden hast, notiere sie auf der rechten Seite
(die waagerechten der Reihenfolge nach von oben nach unten, die senkrechten von links nach rechts).
Wie lautet das Lösungswort?

B	N	O	A	P	R	M	P	L	E	V	I	M	T	R
R	Q	E	S	R	Q	U	I	B	U	S	C	I	B	L
H	D	I	G	M	L	B	C	D	M	T	G	N	S	X
X	Q	U	A	E	C	O	L	G	N	R	Q	O	P	M
D	P	S	L	O	M	V	R	H	O	T	U	R	H	S
U	B	M	P	R	O	N	O	M	I	N	A	I	G	N
S	E	C	L	U	T	D	S	A	P	L	R	T	G	T
R	Q	U	B	M	G	C	P	C	U	I	U	S	M	B
I	E	L	H	X	P	V	S	G	O	A	M	D	I	H
E	A	R	U	M	R	R	B	L	E	D	M	S	N	V
X	E	C	T	S	D	A	R	C	N	B	G	Q	U	I
O	G	M	N	A	R	S	V	P	L	U	N	S	G	H

waagerecht:
_ _ _ _ _ _
      9

_ _ _ _
   6

_ _ _ _ _ _ _
 5

_ _ _ _ _
     10

_ _ _ _
  7

_ _ _
 2

senkrecht:
_ _ _
  8

_ _ _ _
1

_ _ _ _
  4

_ _ _
11

_ _ _ _ _
    3

Lösungswort: _ _ _ _ _ _ _ _ _ _ _
                   1 2 3 4 5 6 7 8 9 10 11

Freiarbeit Lektion 19

4. Satzpuzzle
Verbinde die Elemente zu sinnvollen und grammatisch korrekten Sätzen und übersetze.
Sind alle Sätze richtig zusammengesetzt, ergeben die dahinter stehenden Buchstaben der Reihe nach gelesen ein Lösungswort. Welches?

Caesar,	quorum vires magnae sunt, (E)	cum piratis pugnare debet. (E)
Piratae,	qua navigant[1], (E)	solvunt. (T)
Navis,	quam piratae poposcerunt, (H)	magna est. (F)
Piratae omnia,	qui Rhodum ire cupit, (S)	Romanos exspectant. (G)
Socii[2] pecuniam,	quae Caesar iubet, (E)	faciunt. (C)

1 **navigare:** segeln – 2 **socius,** i: Verbündeter, Kamerad

Lösungswort: S E E G E F E C H T

5. Römer in Sicht!
Füge die richtigen Relativpronomina ein (s. Kasten) und übersetze angemessen ins Deutsche.

> qui – quos – quibus – Qui – quam – qui

Subito piratae navem magnam vident. Is, _____ dux[1] piratarum est, clamat:

»Navis, _____ videmus, navis Romana est! Cavete eos, _____ Romā veniunt! Romani viri

periculosi[2] sunt. Arma, _____ pugnant, acria sunt. Abducite[3] omnes, _____ comprehendere

potestis! _____ obsides liberare[4] cupit, nobis pecuniam dare debet.«

1 **dux,** ducis *m.:* Anführer – 2 **periculosus,** a, um: *Adjektiv zu* periculum – 3 **abducere:** abführen – 4 **liberare:** befreien

Übersetzung:

6. Formenkette

Nimm die Form »quos« als Startpunkt und verbinde die Wörter so, dass eine Figur entsteht. Die Angabe in der Klammer weist dir jeweils den Weg zur nächsten Form.

Beispiel: »quem (→ Abl.)« → Verbindung zu »quo«

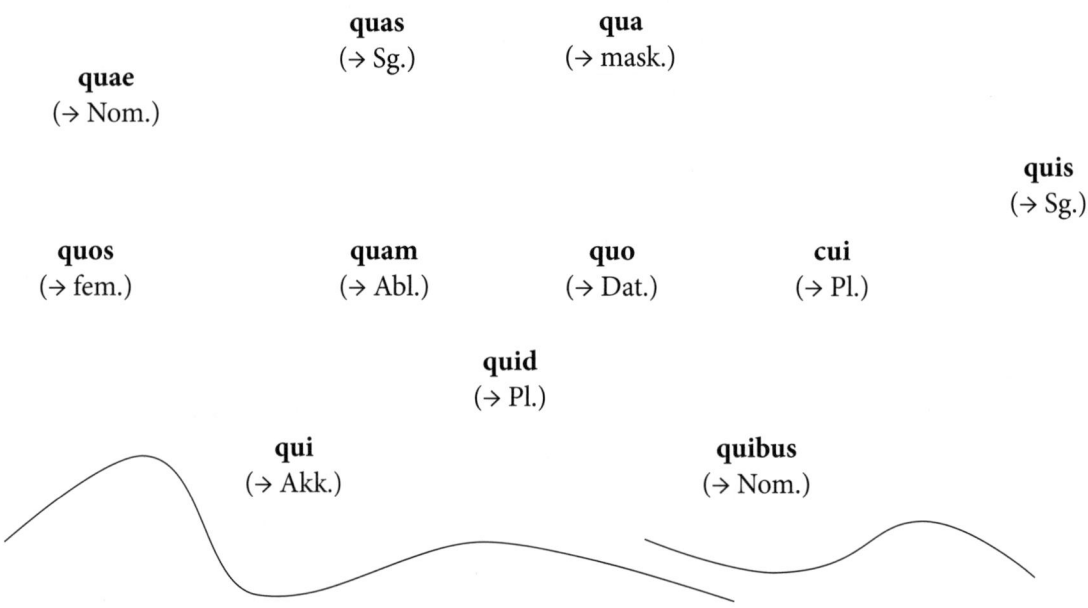

7. *Alea iacta est* – Weißt du Bescheid über Caesar?

a) Caesar galt als Nachfahre des Aeneas.

b) Caesar war der erste römische Kaiser.

c) Caesar hat an den Iden des März Selbstmord begangen.

d) Caesar lebte von 100–44 v. Chr.

e) Caesar hat Gallien in einem schweren Krieg besiegt.

f) Caesar hat über diesen Krieg in seiner Schrift *De bello Germanico* berichtet.

Freiarbeit Lektion 20

1. Wortschatzmemory

cognoscere	**porta**	**condere**	**fortis**
kennenlernen; erkennen	Tor	1. gründen; erbauen 2. verwahren; verstecken	stark; tapfer
genus	**appellare**	**imponere**	**durus**
Abstammung; Geschlecht; Art	nennen	auferlegen	hart; beschwerlich
reducere	**anima**	**gravis**	**circumdare**
zurückführen	1. Atem 2. Seele 3. Leben	schwer; ernst; wichtig	umgeben

Freiarbeit Lektion 20

2. Wortgitter
Begib dich auf die Suche nach Verbformen im Plusquamperfekt.
Wenn du alle 10 Formen gefunden hast, notiere sie auf der rechten Seite (die waagerechten der Reihenfolge nach von oben nach unten, die senkrechten von links nach rechts).
Wie lautet das Lösungswort?

X	D	L	O	B	N	P	O	P	O	S	C	E	R	A	M
G	O	S	V	C	O	M	A	H	T	R	L	T	X	C	B
C	C	O	I	M	P	O	S	U	E	R	A	N	T	R	E
O	U	D	G	R	P	G	L	Q	V	E	M	N	H	B	G
G	I	O	S	P	R	T	F	U	E	R	A	M	U	S	D
N	T	C	A	C	E	B	L	C	N	T	V	P	S	E	C
O	U	U	D	M	S	U	S	T	U	L	E	R	A	M	U
V	T	E	H	I	S	I	G	L	C	G	R	X	R	Q	B
E	R	R	A	V	E	R	A	N	T	X	A	N	T	P	I
R	G	A	P	U	R	B	G	L	R	A	S	O	H	C	T
A	N	T	G	I	A	R	F	E	C	E	R	U	N	T	M
S	R	L	P	O	T	U	E	R	A	T	I	S	G	C	D

waagerecht:
_ _ _ _ _ _ _ _ _ _ _ ⁵
_ _ _ _ _ _ _ _ _ ²
_ _ _ _ _ _ ⁷
_ _ _ _ _ _ _ _ ¹
_ _ _ _ _ _ ⁶
_ _ _ _ _ _ _ _ ³

senkrecht:
_ _ _ _ _ _ _ ⁹
_ _ _ _ _ _ _ ⁸
_ _ _ _ _ _ _ _ ¹⁰
_ _ _ _ _ _ _ ⁴

Lösungswort: _ _ _ _ _ _ _ _ _ _
                1 2 3 4 5 6 7 8 9 10

3. Tempusfalle auf Deutsch – Kreuze jeweils die richtige Zeit an und finde das Lösungswort.

a) wir haben verteidigt   ☐ Präteritum (A)   ☐ Perfekt (U)   ☐ Plusquamperfekt (O)
b) er hatte gekocht   ☐ Präteritum (B)   ☐ Perfekt (V)   ☐ Plusquamperfekt (N)
c) sie konnten   ☐ Präteritum (T)   ☐ Perfekt (P)   ☐ Plusquamperfekt (G)
d) er hat geschickt   ☐ Präteritum (I)   ☐ Perfekt (E)   ☐ Plusquamperfekt (U)
e) sie weinte   ☐ Präteritum (R)   ☐ Perfekt (C)   ☐ Plusquamperfekt (S)
f) sie sind gekommen   ☐ Präteritum (H)   ☐ Perfekt (W)   ☐ Plusquamperfekt (T)
g) er war gerannt   ☐ Präteritum (V)   ☐ Perfekt (A)   ☐ Plusquamperfekt (E)
h) du zögertest   ☐ Präteritum (L)   ☐ Perfekt (N)   ☐ Plusquamperfekt (D)
i) ihr hattet gezeigt   ☐ Präteritum (M)   ☐ Perfekt (R)   ☐ Plusquamperfekt (T)

Lösungswort: _ _ _ _ _ _ _ _ _

Freiarbeit Lektion 20

4. Tempusfalle auf Latein – Kreuze jeweils die richtige Übersetzung an und finde das Lösungswort.

a) effugerat   ☐ er flieht (B)   ☐ er floh (L)   ☐ er war geflohen (S)

b) condidit   ☐ er gründet (G)   ☐ er gründete (T)   ☐ er hatte gegründet (M)

c) tenuerant   ☐ sie halten (A)   ☐ sie hielten (E)   ☐ sie hatten gehalten (Y)

d) laudaverunt   ☐ sie loben (N)   ☐ sie lobten (X)   ☐ sie hatten gelobt (C)

Lösungswort: __ __ __ __

5. Stammformen
Führe die Plusquamperfektformen auf ihren Infinitiv zurück und bilde die dazugehörigen Stammformen. Wie lautet das Lösungswort?

	Infinitiv	1. Pers. Präs.	1. Pers. Perf.	(PPP)
cognoveras	_ _ _ 4 _ _ _	_ _ _ _ _ _ _	_ _ _ 1 _ _ _	_ _ _ 7 _ _ _
fueram	_ _ _ 11 _ _	_ _ _	_ _ 12 _ _	
imposuerat	_ _ _ 9 _ _ _	_ _ _ _ _ _	_ _ _ _ _ _ _	_ _ _ 13 _ _ _
habueratis	_ _ _ _ _	_ 5 _ _ _	_ 10 _ _ _	_ _ _ _ _ _
descenderat	_ _ _ _ 3 _	_ _ _ _ 6 _ _	_ _ 8 _ _ _	_ _ _ 2 _ _ _

Lösungswort: __ __ __ __ __ __ __ __ __ __ __ __ __
        1   2   3   4   5   6   7   8   9   10   11   12   13

6. Aeneas' lange Geschichte – Fülle die Lücken aus.

Aeneas flieht aus dem brennenden _____. Sein Sohn _____ und sein Vater _____ sind bei ihm. Viele Jahre irrt er umher. Er kehrt bei _____, der Königin von _____, ein. Sie lieben einander, doch _____ muss fort, weil es die _____ befehlen. Aus _____ begeht Dido Selbstmord.

Eines Nachts erscheint der mittlerweile verstorbene _____ seinem Sohn im Traum. Er befiehlt Aeneas, in die _____ hinabzusteigen, um dort das _____ zu erfahren. Schließlich landet Aeneas in _____. Dies wird die neue Heimat der _____ werden.

> Italien – Dido – Römer – Ascanius – Troja – Anchises – Schicksal seines Volkes – Götter – Anchises – Aeneas – Liebeskummer – Unterwelt – Karthago

Freiarbeit Lektion 18-20

Formendomino
Spiele mit einem/mehreren Mitschüler(n) Formendomino. Die Dominosteine müssen so aneinander gelegt werden, dass jeweils Substantiv und Adjektiv nach KNG zusammenpassen. Ergeben sich mehrere Möglichkeiten der Zuordnung, entscheide nach dem Sinn!

dulcibus	**locus**	magna	**itinere**
bonum	**navem**	ingentes	**laudi**
optimae	**poenis**	piarum	**portas**
nobilium	**fatum**	gravibus	**pericula**
melior	**montis**	durō	**generum**
alti	**puellarum**	totam	**insulis**

gestrichelte Linien = Schnittlinien

Freiarbeit Lektion 21

1. Wortschatzmemory

culpa	similis	aurum	cernere
Schuld	*(+Gen./Dat.)* jdm./einer Sache ähnlich	Gold	wahrnehmen; sehen; bemerken
iustus	**socius**	**oppugnare**	**mirus**
gerecht	Bündnispartner; Verbündeter; Kamerad	angreifen	merkwürdig; erstaunlich; wunderbar
primus	**hostis**	**parcere**	**plenus**
der erste; der wichtigste	Feind	1. etw./jdn. schonen; auf jdn. Rücksicht nehmen 2. sparen	*(+ Gen.)* voll von *etw.*

Freiarbeit Lektion 21

2. Wortgitter

Begib dich auf die Suche nach Verbformen im Konjunktiv.
Wenn du alle 10 Formen gefunden hast, notiere sie auf der rechten Seite (die waagerechten der Reihenfolge nach von oben nach unten, die senkrechten von links nach rechts). Wie lautet das Lösungswort?

R	G	H	P	A	G	I	M	U	S	C	U	Q	I	V
E	B	E	U	H	L	S	D	A	C	T	R	L	U	B
M	T	C	G	M	T	E	N	E	T	E	P	N	B	R
A	O	B	N	P	O	P	P	U	G	N	A	R	E	T
N	S	G	A	B	L	G	N	I	P	U	X	L	R	U
E	D	H	R	M	L	S	D	U	X	I	S	S	E	T
R	E	G	E	R	E	M	I	M	D	S	T	V	M	R
E	X	P	S	D	R	V	X	E	Q	S	B	N	U	V
M	T	U	Q	D	E	D	I	S	S	E	M	U	S	B
X	C	H	M	P	T	V	B	C	H	N	T	E	B	M
R	C	R	E	V	I	S	S	E	N	T	N	P	R	L
B	Q	U	V	R	S	A	D	T	N	S	E	B	H	S

waagerecht:
_ _ _ _ _ _ _ _ _ _ 10
_ _ _ _ _ _ _ _ _   9
_ _ _ _ _ _ _ _   2
_ _ _ _ _ _ _ _ _   5
_ _ _ _ _ _ _ _ _ _ 8

senkrecht:
_ _ _ _ _ _ 6
_ _ _ _ _   1
_ _ _ _ _ _ _ _ 3
_ _ _ _ _ _ _ _ 4
_ _ _ _ _ _ _ 7

Lösungswort: _ _ _ _ _ _ _ _ _ _
              1 2 3 4 5 6 7 8 9 10

3. Formenbestimmung: Wie lautet das Lösungswort?

timeret:	☐ Ind. Impf. (B)	☐ Ind. Plqpf. (L)	☐ Konj. Impf. (V)	☐ Konj. Plqpf. (E)
affueram:	☐ Ind. Impf. (F)	☐ Ind. Plqpf. (I)	☐ Konj. Impf. (K)	☐ Konj. Plqpf. (R)
monuissem:	☐ Ind. Impf. (G)	☐ Ind. Plqpf. (Q)	☐ Konj. Impf. (T)	☐ Konj. Plqpf. (A)
redderetis:	☐ Ind. Impf. (N)	☐ Ind. Plqpf. (U)	☐ Konj. Impf. (S)	☐ Konj. Plqpf. (H)
fugiebamus:	☐ Ind. Impf. (A)	☐ Ind. Plqpf. (I)	☐ Konj. Impf. (C)	☐ Konj. Plqpf. (T)
didicisses:	☐ Ind. Impf. (D)	☐ Ind. Plqpf. (S)	☐ Konj. Impf. (M)	☐ Konj. Plqpf. (C)
duxerant:	☐ Ind. Impf. (O)	☐ Ind. Plqpf. (R)	☐ Konj. Impf. (V)	☐ Konj. Plqpf. (B)
iuberent:	☐ Ind. Impf. (H)	☐ Ind. Plqpf. (E)	☐ Konj. Impf. (A)	☐ Konj. Plqpf. (P)

Lösungswort: _ _ _ _ _ _ _

Freiarbeit Lektion 21

4. Irreales Deutsch! Formuliere zu den genannten Situationen irreale Sätze auf Deutsch.

Beispiel: »mehr Zeit haben«
Irrealis der Gegenwart: »Wenn ich mehr Zeit hätte, würde ich dich öfter besuchen.«
Irrealis der Vergangenheit: »Wenn ich mehr Zeit gehabt hätte, hätte ich dich öfter besucht.«

Bus verpassen	älter sein	eine Reise machen	in die Zukunft sehen können
eher wissen	Sonnenschein	sich beeilen	Besuch bekommen
Geld haben	Schulleiter sein	in der Antike leben	berühmt sein
Zeit zurückdrehen können	Ferien haben	Regen	etwas wünschen dürfen

5. Irreales Latein!
Entscheide jeweils, ob ein Irrealis der Gegenwart oder ein Irrealis der Vergangenheit vorliegt und übersetze die Sätze.

	Irrealis der GW	Irrealis der VH

a) Si milites copias hostium non vicissent, triumphum non egissent.

b) Si magis properavisses, triumphum spectare potuissemus.

c) Si vir clarus essem, omnes me diligerent.

d) Si mecum iter faceres, res¹ pulchras videres.

e) Si tacuisses, veritatem² non accepissemus.

1 res *(Akk. Pl. f.)*: Sache, Ding – **2 veritas**, tatis *f.*: Wahrheit

6. Herrschergalerie
**Bringe die römischen Kaiser in die richtige zeitliche Abfolge, indem du die Kästchen nummerierst.
Dann ordne ihnen die jeweils passende Information zu.
Wenn du dir nicht sicher bist, kann dir der Sachtext hinter Lektion 23 weiterhelfen.**

☐ Domitian …   war der erste römische Kaiser.

☐ Augustus …   brachte das Römische Imperium zu seiner größten Ausdehnung und setzte verschiedene soziale und bauliche Verbesserungen durch.

☐ Trajan …   regierte nur zwei Jahre als römischer Kaiser.

☐ Nerva …   war ein sehr umstrittener Herrscher und wurde schließlich ermordet.

Freiarbeit Lektion 22

1. Wortschatzmemory

aspicere	**imago**	**cum** *(+ Konj.)*	**placidus**
erblicken	Bild; Abbild	1. als, nachdem 2. weil 3. obwohl	friedlich; sanft
fingere	**flos**	**sedēre**	**litus**
1. gestalten 2. sich *etw.* ausdenken	Blume	sitzen	Strand; Küste
tangere	**pectus**	**vulgus**	**primo**
berühren	1. Brust 2. Herz 3. Seele	Volk; Menge; die große Masse	zuerst; anfangs

2. Activity
Präsentiere folgende Begriffe, indem du sie umschreibst, zeichnest oder pantomimisch darstellst.
Deine Mitschüler müssen sie erraten und die deutschen Bedeutungen nennen.

sedēre	**flos**	**aspicere**
nicht benutzen: Stuhl, Sofa, Bus	*nicht benutzen:* Wiese, Sommer, Vase	*nicht benutzen:* sehen, Fernglas, entdecken
tangere	**pectus**	**imago**
nicht benutzen: Hand, anfassen	*nicht benutzen:* Körper, Schmerz, Liebe	*nicht benutzen:* Rahmen, Wand, Mosaik

3. Europas Vater ist schockiert!
Kreuze an, welche Übersetzung sinnvoll ist. Achte besonders auf die verschiedenen Bedeutungen von *ut* und *cum*. Wie lautet das Lösungswort?

Pater Europae desperabat, cum filiam amisisset.
- ☐ *Der Vater Europas verzweifelte, weil er seine Tochter verloren hatte.* (C)
- ☐ *Der Vater Europas verzweifelte, obwohl er seine Tochter verloren hatte.* (H)

Pater amicas filiae adiit, ut acciperet, quid accidisset.
- ☐ *Der Vater ging zu den Freundinnen seiner Tochter, um zu erfahren, was sich ereignet hatte.* (R)
- ☐ *Der Vater ging so zu den Freundinnen seiner Tochter, dass er erfuhr, was sich ereignet hatte.* (O)

Tam iratus fuit, ut taurum necare cuperet.
- ☐ *Er war so zornig, damit er den Stier töten wollte.* (S)
- ☐ *Er war so zornig, dass er den Stier töten wollte.* (E)

Europa libenter in insula vivebat, cum patriam desideraret.
- ☐ *Europa lebte gerne auf der Insel, als sie ihre Heimat vermisste.* (D)
- ☐ *Europa lebte gerne auf der Insel, obwohl sie ihre Heimat vermisste.* (A)

Lösungswort: __ __ __ T __

Freiarbeit Lektion 22

4. Jupiter und seine Liebschaften – die schöne Alkmene
Kreuze an, welche Übersetzung richtig ist. Achte besonders auf das Zeitverhältnis.
Wie lautet das Lösungswort?

Iuppiter Alcmenam adiit, cum maritum abisset.
☐ Jupiter ging zu Alkmene, als ihr Ehemann fortging. (M)
☐ Jupiter ging zu Alkmene, nachdem ihr Ehemann fortgegangen war. (H)

Deus Alcmenam ita amavit, ut dolum pararet.
☐ Der Gott liebte Alkmene so sehr, dass er eine List vorbereitete. (E)
☐ Der Gott liebte Alkmene so sehr, dass er eine List vorbereitet hatte. (L)

Iuppiter in maritum se vertit, ut Alcmena eum non cognosceret.
☐ Jupiter verwandelte sich in den Ehemann, damit Alkmene ihn nicht erkannte. (K)
☐ Jupiter verwandelte sich in den Ehemann, damit Alkmene ihn nicht erkannt hatte. (T)

Alcmena Iovem amavit, cum deum maritum esse putaret.
☐ Alkmene liebte Jupiter, weil sie den Gott für ihren Ehemann hielt. (U)
☐ Alkmene liebte Jupiter, weil sie den Gott für ihren Ehemann gehalten hatte. (A)

Iuno irata fuit, cum Iuppiter rursus puellam adisset.
☐ Iuno war zornig, weil Jupiter wieder einmal zu einem Mädchen ging. (G)
☐ Iuno war zornig, weil Jupiter wieder einmal zu einem Mädchen gegangen war. (S)

Lösungswort: _ _ R _ _ L E _

5. Bilderrätsel: Ordne Sätze und Bilderpaare einander richtig zu und übersetze.

a)

A) Cum Romani flumen transissent, cum Germanis contenderunt.

b)

B) Lucius Fulviam tam saepe capiebat, ut Fulvia flere inciperet.

c)

C) Flavia cibum emere debuit, cum templum ire mallet[1].
1 malle: lieber wollen

Freiarbeit Lektion 23

1. Wortschatzmemory

enim	mos	sedes	accidere
nämlich; denn	Sitte; Brauch; *Pl. auch:* Charakter	1. Sitz 2. Wohnsitz 3. Heimat	sich ereignen; geschehen
bibere	**alter**	**libertas**	**creare**
trinken	der andere; der zweite	Freiheit	erschaffen; wählen
solēre	**vitium**	**obtinēre**	**decet**
gewöhnlich *tun*; gewohnt sein	Fehler; schlechte Eigenschaft	innehaben; (besetzt) halten	es gehört sich *für jdn., etw. zu tun*

Freiarbeit Lektion 23

2. Activity

Präsentiere folgende Begriffe, indem du sie umschreibst, zeichnest oder pantomimisch darstellst.
Deine Mitschüler müssen sie erraten und die deutschen Bedeutungen nennen.

creare	**vinum**	**optare**
nicht benutzen: Künstler, Politiker	*nicht benutzen:* Flasche, Alkohol, rot	*nicht benutzen:* Geburtstag, hoffen, Option
alter	**clam**	**obtinēre**
nicht benutzen: Person, Anzahl, erster	*nicht benutzen:* versteckt, unbemerkt	*nicht benutzen:* Thron, Macht

3. Wortgitter

Begib dich auf die Suche nach Verbformen im Konjunktiv.
Wenn du alle 10 Formen gefunden hast, notiere sie auf der rechten Seite (die waagerechten der Reihenfolge nach von oben nach unten, die senkrechten von links nach rechts).
Wie lautet das Lösungswort?

G	A	E	L	C	O	N	V	E	N	I	A	T	X	V
V	S	T	B	H	B	U	N	P	I	D	X	M	E	L
S	P	G	M	L	T	S	B	C	V	D	A	H	L	N
D	E	D	E	R	I	T	I	S	C	A	B	R	M	D
V	X	R	T	P	N	D	B	E	H	C	O	D	C	O
R	E	N	U	D	U	V	A	H	D	C	U	M	S	P
E	R	T	A	B	E	H	M	I	D	I	G	A	C	T
X	I	Q	N	L	R	C	U	L	N	D	P	B	I	E
H	M	S	T	C	I	S	S	O	L	E	A	M	U	S
L	V	E	R	G	N	D	O	Q	U	R	B	R	P	L
A	D	C	O	N	T	I	G	E	R	I	T	O	D	X
C	V	T	E	P	S	H	R	S	B	T	R	Q	M	A

waagerecht:

senkrecht:

Lösungswort: __ __ __ __ __ __ __ __ __ __ __
             1 2 3 4 5 6 7 8 9 10 11

Freiarbeit Lektion 23

4. Formenbestimmung: Wie lautet das Lösungswort?

optemus	☒ Konj. Präs. (S)	☐ Konj. Perf. (B)	☐ Konj. Impf. (O)	☐ Konj. Plqpf. (F)
crevissent	☐ Konj. Präs. (H)	☐ Konj. Perf. (L)	☐ Konj. Impf. (V)	☒ Konj. Plqpf. (A)
obtineret	☐ Konj. Präs. (N)	☐ Konj. Perf. (R)	☒ Konj. Impf. (T)	☐ Konj. Plqpf. (C)
conveneritis	☐ Konj. Präs. (A)	☒ Konj. Perf. (U)	☐ Konj. Impf. (H)	☐ Konj. Plqpf. (R)
aspicerem	☐ Konj. Präs. (S)	☐ Konj. Perf. (V)	☒ Konj. Impf. (R)	☐ Konj. Plqpf. (G)
sedeamus	☒ Konj. Präs. (N)	☐ Konj. Perf. (M)	☐ Konj. Impf. (D)	☐ Konj. Plqpf. (B)
credidisset	☐ Konj. Präs. (R)	☐ Konj. Perf. (I)	☐ Konj. Impf. (E)	☒ Konj. Plqpf. (U)
tenueris	☐ Konj. Präs. (T)	☒ Konj. Perf. (S)	☐ Konj. Impf. (V)	☐ Konj. Plqpf. (A)

Lösungswort: S A T U R N U S

5. Kreuzworträtsel
Bilde die Konjunktivformen wie angegeben. Wie lautet das Lösungswort?

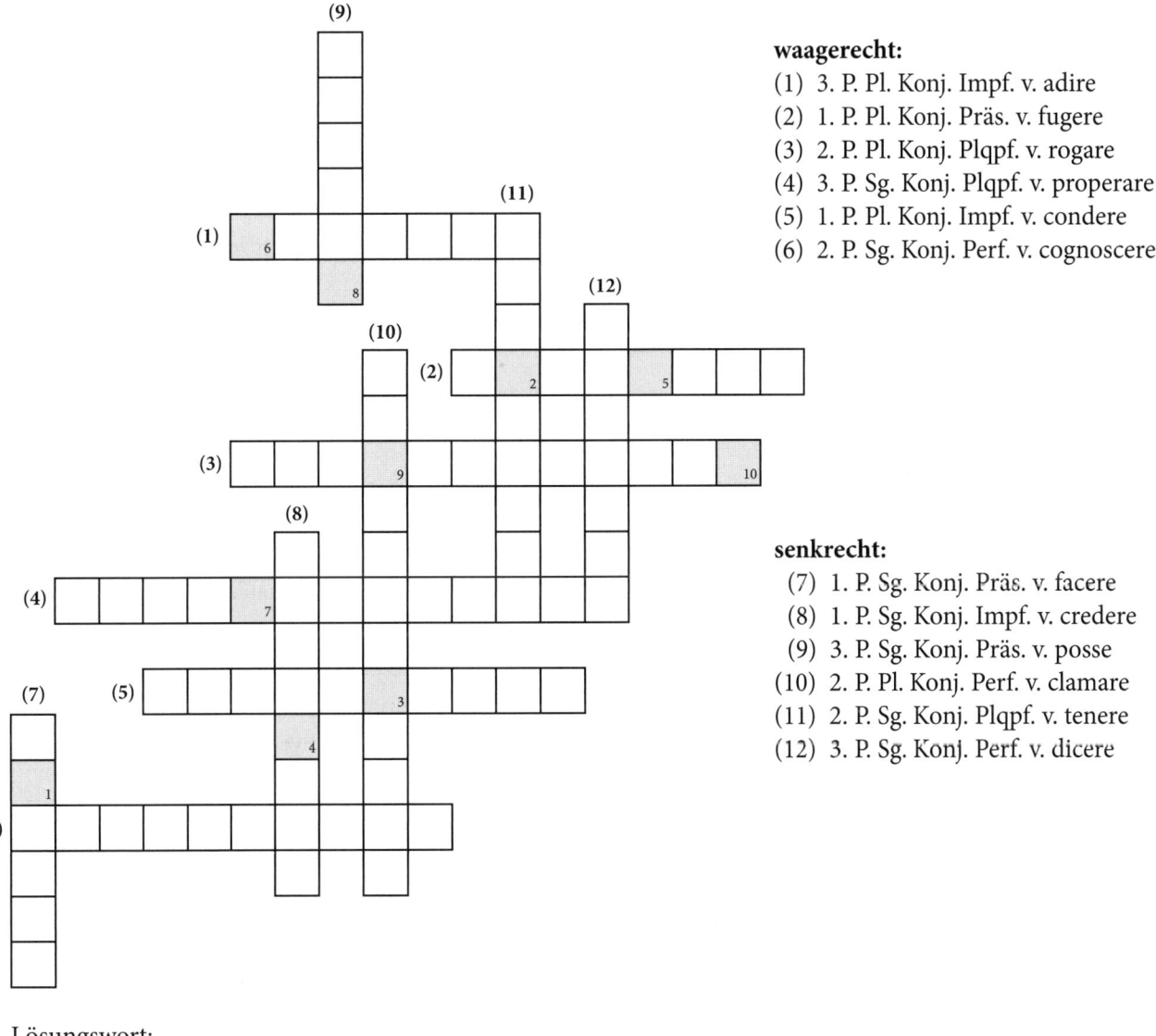

waagerecht:
(1) 3. P. Pl. Konj. Impf. v. adire
(2) 1. P. Pl. Konj. Präs. v. fugere
(3) 2. P. Pl. Konj. Plqpf. v. rogare
(4) 3. P. Sg. Konj. Plqpf. v. properare
(5) 1. P. Pl. Konj. Impf. v. condere
(6) 2. P. Sg. Konj. Perf. v. cognoscere

senkrecht:
(7) 1. P. Sg. Konj. Präs. v. facere
(8) 1. P. Sg. Konj. Impf. v. credere
(9) 3. P. Sg. Konj. Präs. v. posse
(10) 2. P. Pl. Konj. Perf. v. clamare
(11) 2. P. Sg. Konj. Plqpf. v. tenere
(12) 3. P. Sg. Konj. Perf. v. dicere

Lösungswort: __ __ __ __ __ __ __ __ __ __
             1 2 3 4 5   6 7 8 9 10

6. Wünsch dir was! Übersetze die Sätze ins Deutsche.

a) Opto, ut mecum iter facias. _____

b) Optamus, ut laeti sitis. _____

c) Vos oro, ne clam villam relinquatis. _____

d) Timent, ne tempora dura veniant. _____

e) Filius metuit, ne pater eum reprehendat. _____

7. Indirekte Fragesätze – Reisebericht

Fulvia ist von einem Ausflug aus Rom zurückgekehrt. Nun möchte Lucius alles über ihre Reise erfahren. Ergänze die richtige Verbform. Achte auf das Zeitverhältnis!

Lucius rogat,

a) … quid Fulvia Romae _____ (videre).

b) … quis ei urbem _____ (demonstrare).

c) … quos locos _____ (spectare).

d) … quo tempore iterum Romam _____ (petere).

8. Lückentext

Bei den Saturnalien handelte es sich um ein Kultfest zu Ehren des Gottes _____.

Das Fest begann am _____ mit einem _____.

Dann wurde über mehrere Tage ausgelassen gefeiert. Traditionell beschenkte man sich zu diesem Fest.

Auf den _____ wurden Geschenke wie _____

oder _____ gekauft.

Ähnlich wie bei uns zu _____ wurde an diesen Tagen vieles geduldet, was

sonst verboten war. So ließ man an den Festtagen z. B. _____ um Geld zu.

_____ spielten während des Festes keine Rolle:

Die _____ und ihre _____ feierten gemeinsam

und tauschten bisweilen sogar ihre Rollen. Noch heute werden an manchen Universitäten

_____ gefeiert. – Kannst du dir vorstellen, wie es dort abläuft?

> Würfelspiele – Besitzer – Saturn – *sigillaria* – 17. Dezember – Standesunterschiede – Kerzen – Karneval – öffentlichen Opfer – Tonfigürchen – Sklaven – Saturnalienfeste

Freiarbeit Lektion 21-23

Formendomino
Spiele mit einem/mehreren Mitschüler(n) Formendomino. Die Dominosteine müssen so aneinander gelegt werden, dass jeweils Substantiv und Adjektiv bzw. Pronomen nach KNG zusammenpassen. Ergeben sich mehrere Möglichkeiten der Zuordnung, entscheide nach dem Sinn!

similes	**imagini**	primam	**moribus**
tristium	**togas**	alter	**sermonis**
verā	**vitia**	dignō	**litorum**
miri	**puellarum**	clarorum	**vinum**
multa	**agmine**	antiquis	**socius**
mediae	**libertate**	malum	**sedem**

gestrichelte Linien = Schnittlinien

Freiarbeit Lektion 24

1. Wortschatzmemory

pars	**asper**	**praeesse**	**res**
Teil; Seite	rauh; streng	an der Spitze stehen; *jdn.* kommandieren; *etw.* verwalten	1. Sache; Ding 2. Angelegenheit
pellere	**casus**	**spes**	**obsecrare**
1. stoßen; schlagen 2. vertreiben	Fall; Zufall; Ereignis	Hoffnung	anflehen; beschwören
mittere	**audax**	**pernicies**	**defendere**
schicken	1. frech 2. beherzt	Verderben; Untergang	verteidigen

Freiarbeit Lektion 24

2. KNG: Welches Adjektiv passt zum Substantiv? Teilweise sind mehrere Lösungen möglich!
Die Buchstaben hinter den entsprechenden Adjektiven ergeben ein Lösungswort. Welches?

lacus	☐ altus (F)	☐ altum (L)	☐ alti (A)	☐ altas (M)
spem	☐ magnum (G)	☐ magnam (B)	☐ magnis (T)	☐ magno (R)
exercituum	☐ fortes (O)	☐ fortibus (H)	☐ forti (V)	☐ fortium (U)
facies	☐ pulchro (P)	☐ pulchrae (L)	☐ pulchra (A)	☐ pulchris (S)

Lösungswort: __ __ __ __ __ __

3. Wenn Großvater erzählt …
Bringe die Substantive in die richtige grammatische Form und übersetze den Text.

»Per multas horas ibi remanebamus et monstrum exspectabamus. Viri _____ (spes) pleni erant. Nihil autem aspicere potuimus. Itaque milites ad castra[1] redire iussi. Pars _____ (exercitus) nos risit, quia frustra[2] _____ (lacus) petiveramus. Postridie[3] iterum lacum adiimus, ut _____ (impetus) in monstrum faceremus. Postquam monstrum necavimus, omnes de _____ (pernicies) monstri gaudebant. Nisi monstrum nostra _____ (manus) perisset[4] …«

1 **castra,** orum *n. (Pl.):* Lager – 2 **frustra** *(Adv.):* vergeblich, umsonst, erfolglos –
3 **postridie** *(Adv.):* am folgenden Tag – 4 **perire:** zugrunde gehen, umkommen

4. Rette den Genitiv! Findest du jeweils eine passende Übersetzungsvariante für ihn?
a) Spes laudis poetas incitat. _____
b) Britanni impetum Romanorum defenderunt. _____
c) Matris amor liberorum magnus est. _____
d) Roma pulcherrima[1] urbs Italiae est. _____

1 **pulcherrimus,** a, um: der/die/das schönste

5. Formendomino

Spiele mit einem/mehreren Mitschüler(n) Formendomino. Die Dominosteine müssen so aneinander gelegt werden, dass jeweils Substantiv und Adjektiv nach KNG zusammenpassen. Ergeben sich mehrere Möglichkeiten der Zuordnung, entscheide nach dem Sinn!

audax	**maris**	multorum	**studium**
iucundum	**exercitum**	pulchrae	**triumphis**
aspera	**impetu**	fortem	**orationibus**
alti	**rerum**	magnis	**tempora**
duros	**faciei**	novarum	**dies**
toto	**hominum**	doctis	**miles**

gestrichelte Linien = Schnittlinien

Freiarbeit Lektion 25

1. Wortschatzmemory

apparēre	tutus	deinde	nox
erscheinen; sich zeigen	sicher; geschützt	dann; darauf	Nacht
timor	claudere	complures	perire
Furcht; Angst	(ab-/ein-)schließen	mehrere; einige	zugrunde gehen; umkommen
prohibēre	incola	quietus	aperire
fernhalten; abhalten; hindern	Einwohner	ruhig	öffnen

Freiarbeit Lektion 25

2. Activity
Präsentiere folgende Begriffe, indem du sie umschreibst, zeichnest oder pantomimisch darstellst.
Deine Mitschüler müssen sie erraten und die deutschen Bedeutungen nennen.

domus	prohibēre	nox
nicht benutzen: wohnen, Dach, Zimmer	*nicht benutzen:* Verbot, Schild, Schranke	*nicht benutzen:* Tag, schlafen, dunkel
decidere	**apertus**	**obscurus**
nicht benutzen: Stein, Regen, Boden	*nicht benutzen:* geschlossen, Tür, Geschäft	*nicht benutzen:* hell, Scheibe, deutlich

3. Wortgitter
Begib dich auf die Suche nach Verbformen im Passiv.
Wenn du alle 8 Formen (Achtung: zusammengesetzte Formen!) gefunden hast, notiere sie auf der rechten Seite (die waagerechten der Reihenfolge nach von oben nach unten, die senkrechten von links nach rechts). Wie lautet das Lösungswort?

A	V	F	C	G	P	N	L	O	E	R	D	C	N
B	I	D	R	S	R	E	M	L	R	M	U	A	E
H	C	X	E	L	O	Q	E	A	N	I	A	T	G
D	T	U	A	R	H	C	F	U	L	S	G	I	L
X	I	N	T	V	I	D	T	D	A	S	P	M	E
I	E	O	U	P	B	N	H	A	X	I	L	R	C
O	R	E	S	T	I	T	U	T	A	E	R	A	T
F	A	S	E	C	T	I	L	I	C	S	H	V	U
Q	M	N	S	R	I	L	C	E	L	S	X	U	M
P	U	L	S	U	S	S	I	S	R	E	B	N	E
L	S	T	E	A	I	O	B	T	I	N	R	H	S
B	M	P	T	Q	N	C	X	I	R	T	S	V	T
F	I	T	U	L	T	R	C	S	D	G	E	C	O

waagerecht:

_ _ _ _ _ _ _ _ _ _ _
  2   7

_ _ _ _ _ _ _ _
        4

senkrecht:

_ _ _ _ _ _ _
6   8

_ _ _ _ _
      5

_ _ _ _ _ _ _
      9

_ _ _ _ _ _ _
       10

_ _ _ _ _ _ _
          3

_ _ _ _ _ _ _ _
1

Lösungswort: _ _ _ _ _ _ _ _ _ _
             1 2 3 4 5 6 7 8 9 10

Freiarbeit Lektion 25

4. Das Unglück von Pompeji

Füge jeweils die richtige Passivform ein und übersetze den Satz.
Die Buchstaben hinter den Verbformen ergeben, der Reihe nach gelesen, ein Lösungswort.

> necati sunt (U) – neglecta erant (E) – illustratum[1] est (R) – spectatae sunt (O) – inventa sunt (T) – relictae sunt (P) – sublati sunt (I)

a) Signa periculi ab hominibus _____ .

   Übersetzung: _____

b) Caelum[2] obscurum flammis _____ .

   Übersetzung: _____

c) Multi incolae lapidibus _____ .

   Übersetzung: _____

d) Omnes domus _____ .

   Übersetzung: _____

e) Multis annis post vestigia[3] antiqua _____ .

   Übersetzung: _____

f) Cinis lapidesque _____ .

   Übersetzung: _____

g) Reliquiae Pompeiorum[4] iam a multis visitatoribus[5] _____ .

   Übersetzung: _____

1 illustrare: erleuchten – **2 caelum,** i: Himmel – **3 vestigium,** i: Spur – **4 reliquiae Pompeiorum:** Überreste von Pompeji – **5 visitator,** is *m.*: Besucher

Lösungswort: __ __ __ __ __ __ __

Freiarbeit Lektion 25

5. Stammformen
Führe die Passivformen auf ihre Infinitive zurück und bilde die dazugehörigen Stammformen. Wie lautet das Lösungswort?

	Infinitiv	1. Pers. Präs.	1. Pers. Perf.
facta sunt	_ _ _ ₅ _ _	_ _ _ ₆ _ _	_ ₂ _ _
demonstratum erat	_ _ ₉ _ _ _ _ _ _	_ ₄ _ _ _ _ _ _ _	_ _ _ _ _ _ ₈ _ _ _
clausae essent	_ _ _ ₁ _ _ _	_ _ _ _ ₇ _	_ _ _ _ ₃ _

Lösungswort: » _ _ _ _ _ _ _ _ _ «
           1 2 3 4 5 6 7 8 9

6. Wem passiert hier was?
Formuliere zu den Bildern Passivsätze. Du kannst die Wörter im Kasten zu Hilfe nehmen.

vincere
aqua
restituere
miles
asinus
domus
apportare

7. Quiz: Was weißt du über den Vesuvausbruch?
a) Wann geschah jener berühmte Vesuvausbruch?
   A) 97 n. Chr.   B) 79 v. Chr.
   C) 79 n. Chr.   D) 97 n. Chr.

b) In der Nähe welcher großen italienischen Stadt liegt Pompeji?
   A) Rom   B) Bologna
   C) Mailand   D) Neapel

c) Warum ist in Pompeji vieles so gut erhalten?
   A) Das ganze Gelände ist überdacht worden.   B) Die Asche konservierte alles, was darunter lag.
   C) Es handelt sich bloß um Rekonstruktionen. D) Noch im selben Jahr wurde Pompeji Museumsdorf.

Freiarbeit Lektion 26

1. Wortschatzmemory

statuere	adhuc	iuvenis	ubique
1. aufstellen 2. festsetzen; beschließen	noch	jung; *Subst.:* junger Mann/ junge Frau	überall
metus	**valēre**	**quamvis**	**ruere**
Furcht; Besorgnis	1. gesund sein 2. stark sein 3. imstande sein	*(+ Konj.)* obwohl; wenn auch	1. eilen; stürmen 2. einstürzen; herabstürzen
cedere	**vero**	**excitare**	**demum**
gehen; weichen; nachgeben	aber; wirklich	antreiben; ermuntern; wecken	endlich

Freiarbeit Lektion 26

2. Activity
Präsentiere folgende Begriffe, indem du sie umschreibst, zeichnest oder pantomimisch darstellst.
Deine Mitschüler müssen sie erraten und die deutschen Bedeutungen nennen.

vetus	excitare	celer
nicht benutzen: jung, Großeltern, Falten	*nicht benutzen:* Vieh, Wecker, auffordern	*nicht benutzen:* langsam, Auto, rennen
metus	tenebrae	ubique
nicht benutzen: Angst, Gefahr, zittern	*nicht benutzen:* hell, Nacht, Lampe	*nicht benutzen:* Ort, Welt, nirgends

3. Wortgitter
Begib dich auf die Suche nach Verbformen im Passiv.
Wenn du alle 10 Formen gefunden hast, notiere sie auf der rechten Seite (die waagerechten der Reihenfolge nach von oben nach unten, die senkrechten von links nach rechts).
Wie lautet das Lösungswort?

P	I	L	I	D	U	C	E	R	I	S	B	V	E	R
D	Q	R	T	M	L	V	G	F	U	T	D	S	A	G
D	L	F	X	P	E	L	L	E	B	A	M	U	R	B
E	M	R	E	R	V	N	L	P	F	T	A	C	O	I
F	D	S	P	O	N	E	R	E	T	U	R	X	G	H
E	H	R	U	H	D	I	P	N	G	A	T	R	A	S
N	B	X	E	I	G	A	L	Q	R	N	B	V	B	U
D	R	V	H	B	L	G	O	D	A	T	R	B	O	F
I	T	O	F	E	R	E	V	C	T	U	C	E	R	T
T	C	H	Q	M	O	N	E	B	A	R	I	S	B	N
U	M	L	B	I	A	T	O	P	B	T	A	I	G	E
R	E	L	I	N	Q	U	E	R	E	R	V	A	U	D
H	S	Q	F	I	T	R	B	C	I	H	E	N	R	S

waagerecht:
___ ___ ___ ___ ___ ___
        3

___ ___ ___ ___ ___ ___ ___ ___
             6

___ ___ ___ ___ ___ ___
        8

___ ___ ___ ___ ___
      7

___ ___ ___ ___ ___
   1

senkrecht:
___ ___ ___ ___ ___ ___ ___
 4

___ ___ ___ ___ ___ ___ ___
        9

___ ___ ___ ___ ___
2

___ ___ ___ ___ ___ ___ ___
10

___ ___ ___ ___ ___
     5

Lösungswort: ___ ___ ___ ___ ___ ___ ___ ___ ___ ___
             1 2 3 4 5 6 7 8 9 10

4. Formenkette

Nimm die Form »excitatur« als Startpunkt und verbinde die Wörter so, dass eine Figur entsteht.
Die Angabe in der Klammer weist dir jeweils den Weg zur nächsten Form.
Beispiel: »excitatur (→ Impf.)« → Verbindung zu »excitabatur«

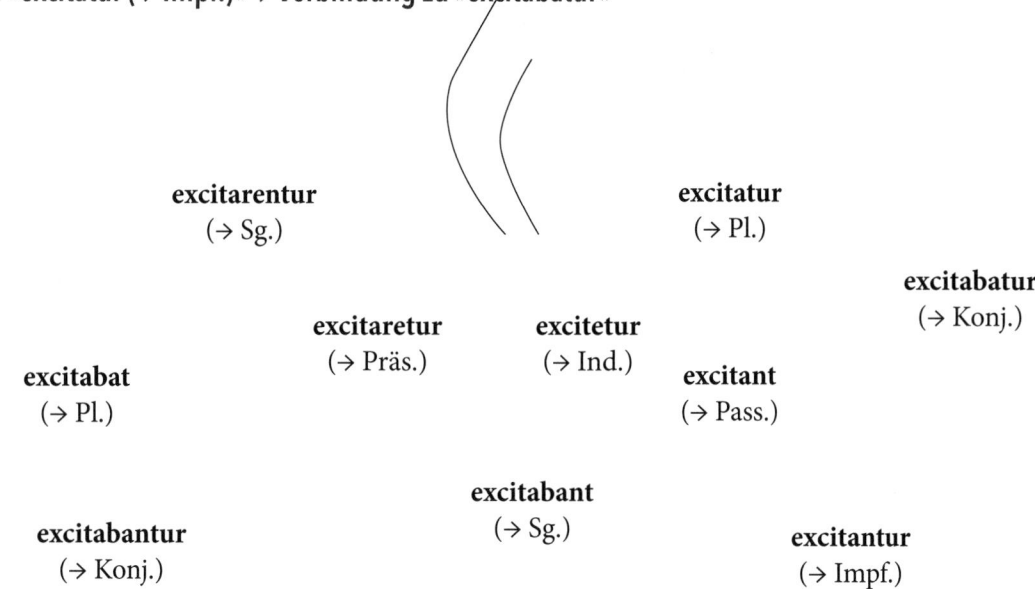

excitarentur (→ Sg.)   excitatur (→ Pl.)

excitabatur (→ Konj.)

excitaretur (→ Präs.)   excitetur (→ Ind.)

excitabat (→ Pl.)   excitant (→ Pass.)

excitabant (→ Sg.)

excitabantur (→ Konj.)   excitantur (→ Impf.)

5. Formenbausteine

Bilde verschiedene Präsens- und Imperfektformen im Passiv und übersetze sie.

aperī-	defend-	prohibē-	depon-	excit(ā)-	delē-
-(o)r	-ris	-tur	-mur	-mini	-ntur
-a-	-e-	-i-	-u-		
-ba-	-eba-	-re-	-ri		

6. Wahr oder falsch?

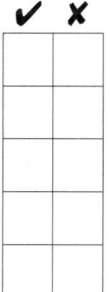

a) Plinius hat den Vesuvausbruch als Augenzeuge miterlebt.

b) Plinius lebte von 113–61 v. Chr.

c) Plinius ist berühmt für seine umfangreiche Briefsammlung.

d) Plinius' Privatbriefe waren ausnahmslos zur Veröffentlichung bestimmt.

e) Plinius der Jüngere ist der Sohn von Plinius dem Älteren.

Freiarbeit Lektion 24-26

Formendomino

Spiele mit einem/mehreren Mitschüler(n) Formendomino. Die Dominosteine müssen so aneinander gelegt werden, dass jeweils Substantiv und Adjektiv nach KNG zusammenpassen. Ergeben sich mehrere Möglichkeiten der Zuordnung, entscheide nach dem Sinn!

improvisae	**facie**	tutarum	**incolas**
duri	**viarum**	magnō	**monstrorum**
tantam	**noctibus**	veteres	**eruptioni**
apertum	**domum**	obscuris	**vir**
pulchrā	**itinera**	ingentium	**tectum**
celer	**lapidis**	aspera	**timore**

gestrichelte Linien = Schnittlinien

Freiarbeit Lektion 27

1. Wortschatzmemory

sapiens	dubitare	difficilis	egregius
klug; weise; *Subst.:* der Weise	1. zögern 2. (be-)zweifeln	schwierig	hervorragend
maximus	imperium	gerere	favēre
1. der größte 2. sehr groß; sehr bedeutend	1. Befehl 2. Herrschaft 3. Reich	tragen; führen; ausführen	*jdm.* geneigt sein
sub	persuadēre	gloria	adiuvare
unter	überzeugen; überreden	Ruhm; Ehre	unterstützen; helfen

Freiarbeit Lektion 27

2. Wortgitter
Begib dich auf die Suche nach Partizipien!
Wenn du alle 9 Formen gefunden hast, notiere sie auf der rechten Seite (die waagerechten der Reihenfolge nach von oben nach unten, die senkrechten von links nach rechts). Wie lautet das Lösungswort?

P	I	R	H	S	P	A	V	T	L	F	E	O	N
M	D	U	H	B	R	Q	S	V	B	R	T	S	A
H	D	T	O	U	O	B	T	I	N	E	N	S	F
B	R	X	F	L	M	C	U	G	S	R	O	C	T
H	G	N	A	E	I	V	D	Q	T	B	D	I	X
Q	E	U	V	M	T	I	E	L	H	D	C	T	S
P	R	A	E	S	T	A	N	T	I	S	A	G	C
F	E	V	N	N	E	R	T	S	L	M	A	B	E
I	N	G	T	A	N	G	E	N	T	E	M	S	R
U	T	X	I	N	T	I	S	B	E	H	A	D	F
T	I	V	B	O	I	F	N	X	P	I	N	G	R
R	U	T	U	C	L	H	A	B	E	N	T	E	Q
U	M	I	S	N	R	X	S	P	L	B	I	D	F

waagerecht:
_ _ _ _ _ _ _
      5
_ _ _ _ _ _ _ _ _ _
  6   11
_ _ _ _ _ _ _ _
          9
_ _ _ _ _
1

senkrecht:
_ _ _ _ _ _ _ _
      7
_ _ _ _ _ _ _
    4
_ _ _ _ _ _ _ _
  3   2
_ _ _ _ _ _ _ _
   12   10
_ _ _ _ _ _
    8

Lösungswort: _ _ _ _ _ _ _ _ _ _ _ _
             1 2 3 4 5 6 7 8 9 10 11 12

3. Formensalat: Ordne Partizipien und Bezugswörter einander zu.

praestans   _____   _____   muris
appetentem   _____   _____   miles
metuentes   _____   _____   liberorum
prohibentibus   _____   _____   poetam
ludentium   _____   _____   homines

Freiarbeit Lektion 27

4. Formendomino

Spiele mit einem/mehreren Mitschüler(n) Formendomino. Die Dominosteine müssen so aneinander gelegt werden, dass jeweils Substantiv und Partizip nach KNG zusammenpassen. Ergeben sich mehrere Möglichkeiten der Zuordnung, entscheide nach dem Sinn!

ludentibus	**imperatoris**	bibentes	**liberis**
decernentis	**matri**	delente	**hostium**
defendentium	**iuvenes**	metuens	**timorem**
opprimentem	**incendio**	roganti	**puer**

gestrichelte Linien = Schnittlinien

Freiarbeit Lektion 27

5.1 Der Hirte Paris und seine Tiere
Schneide zunächst entlang der Schnittlinien Schlitze in diesen Bogen.
Schiebe dann die »Partizip-Streifen« (s. nächste Seite) von hinten durch die Schlitze
und übersetze jeweils die dabei entstehenden Sätze.
Achtung: Für jeden Satz gibt es einen eigenen Streifen.

✂------------------------------

1. Paris   deas pulchras (non) vidit.

✂------------------------------

✂------------------------------

2. Caper deas   diu spectabat.

✂------------------------------

✂------------------------------

3. Deae taurum   neglexerunt.

✂------------------------------

5.2 Der Hirte Paris und seine Tiere – Partizip-Streifen

Schneide die Streifen entlang der Schnittlinien aus und schiebe sie so durch die entsprechenden Schlitze (s. 5.1), dass immer neue Sätze entstehen.

(für Satz 1)	(für Satz 2)	(für Satz 3)
montes altos spectans	inter se certantes	herbas bonas apportantem
sub arbore dormiens (schlafen)	malum aureum appetentes (goldener Apfel)	malum rapere cupientem
vinum bibens	multa dona promittentes	praemium non habentem
mulieribus pulchris favens	Paridi persuadentes	flores praebentem
flores carpens	herbas non praebentes	sub arbore remanentem

Freiarbeit Lektion 28

1. Wortschatzmemory

magnitudo	**commovēre**	**arx**	**nefarius**
Größe	innerlich bewegen; veranlassen	Burg	gottlos; verbrecherisch
existimare	**quidquid**	**latēre**	**preces**
einschätzen; meinen	was auch immer	verborgen sein; versteckt sein	Bitten; Gebet
interficere	**sacer**	**appropinquare**	**ob**
töten	heilig; *(einer Gottheit)* geweiht	sich nähern	*(+ Akk.)* wegen

2. Stammformen

Führe die Partizipien auf ihre Infinitive zurück und bilde die dazugehörigen Stammformen.
Wie lautet der Lösungsspruch?

	Infinitiv	1. Pers. Präs.	1. Pers. Perf.
gestum	_ _ _ 3 _ _	_ _ 9 _ _	_ _ _ 6 _
cessis	_ _ 1 _ _	_ _ 12 _	_ _ 18 _ _
solutis	14 _ _ _ _ _	10 _ _ _ _	15 _ _ _ _
sublatos	_ _ 4 _ _ _	_ _ _ 11 _	_ _ _ _ 17 _
laesa	_ _ _ 16 _	_ _ _ 8 _	_ _ _ 2 _
contactum	_ _ _ 7 _ _ _	_ _ _ _ _ _	_ _ _ 5 _ _

Lösungswort: __ __ __   __ __ __ __   __ __ __   __ __ Y __ __ __ __ __
                    1 2 3   4 5 6 7   8 9 10   11 12 13 14 15 16 17 18

3. Fehlerlesen: Beim Verfassen dieses Textes ist allerlei schief gegangen. Unterstreiche alle falschen Informationen!

Das Urteil des Paris ist zugunsten der Iuno ausgefallen. Nachdem er ihr den goldenen Apfel überreicht hat, zieht er los, um Helena – die mächtigste aller Frauen – zu entführen. Doch diese ist mit Menelaos, dem König von Troja, verheiratet. Zunächst kann Paris zusammen mit Helena ungehindert nach Troja gelangen. Doch Menelaos sinnt auf Rache und versammelt seine Verbündeten, um gegen Troja zu ziehen. Minerva und Venus unterstützen die Griechen, während Iuno sich auf die Seite der Trojaner schlägt. Entschieden wird der lange währende Krieg erst durch die List des Aeneas. Er rät den Griechen, ein riesiges Pferd aus Stein zu bauen und es den Trojanern zum Geschenk zu machen. Einige Soldaten sollten sich darin verbergen und, sobald sie sich innerhalb der Stadtmauern befänden, Friedensgespräche mit den Trojanern führen. Laokoon nimmt das Geschenk dankend an …

Freiarbeit Lektion 28

4. Von Achilles' Ferse zur Achillesferse
4.1 Kreuze an, welche Übersetzung richtig und sinnvoll ist, und begründe, indem du das Zeitverhältnis des Partizips angibst.

a) Thetis ab Peleo in matrimonium ducta[1] Achillem peperit.

   Zeitverhältnis: _____
   - ☐ Thetis gebar Achilles, während sie von Peleus geheiratet wurde.
   - ☐ Thetis gebar Achilles, nachdem sie von Peleus geheiratet worden war.

b) Mater filium amans omnem curam in salute eius posuit.

   Zeitverhältnis: _____
   - ☐ Weil die Mutter ihren Sohn liebte, richtete sie alle Sorge auf dessen Wohlbefinden.
   - ☐ Weil die Mutter ihren Sohn geliebt hatte, richtete sie alle Sorge auf dessen Wohlbefinden.

c) Achilles in aquam sacram mersus[2] inviolabilis[3] erat.

   Zeitverhältnis: _____
   - ☐ Achilles war unverletzlich, als er ins heilige Wasser getaucht wurde.
   - ☐ Achilles war unverletzlich, weil er ins heilige Wasser getaucht worden war.

d) Mersum[2] in aquam corpus quodam loco[4] violabile[5] remansit.

   Zeitverhältnis: _____
   - ☐ Obwohl er in das Wasser getaucht worden war, blieb der Körper an einer Stelle verletzlich.
   - ☐ Während er in das Wasser getaucht wurde, blieb der Körper an einer Stelle verletzlich.

e) Talus[6] manu matris comprehensus vulnerabilis remansit.

   Zeitverhältnis: _____
   - ☐ Seine Ferse blieb verletzlich, weil sie von der Hand der Mutter gehalten worden war.
   - ☐ Seine Ferse blieb verletzlich, als sie von der Hand der Mutter gehalten wurde.

1 in matrimonium ducere: *jdn.* heiraten – **2 mergere:** (ein-)tauchen – **3 inviolabilis:** unverletzlich – **4 quodam loco:** an einer (gewissen) Stelle – **5 violabilis:** verletzlich – **6 talus, i:** Ferse, Knöchel

4.2 Erkläre die Redewendung »jemanden an seiner Achillesferse erwischen«.

_____
_____
_____

Freiarbeit Lektion 28

5.1 Alle Warnungen umsonst

Schneide zunächst entlang der Schnittlinien Schlitze in diesen Bogen.
Schiebe dann die »Partizip-Streifen« (s. nächste Seite) von hinten durch die Schlitze
und übersetze jeweils die dabei entstehenden Sätze.
Achtung: Für jeden Satz gibt es einen eigenen Streifen.

✂- -

1. Troiani					equum in urbem traxerunt.

✂- -

_____

✂- -

2. Troiani equum				donum putaverunt.
						(halten für)

✂- -

_____

✂- -

3. Laocoon					ad litus contendit.

✂- -

– 61 –

Freiarbeit Lektion 28

5.2 Alle Warnungen umsonst – Partizip-Streifen
Schneide die Streifen entlang der Schnittlinien aus und schiebe sie so
durch die entsprechenden Schlitze (s. 5.1), dass immer neue Sätze entstehen.

(für Satz 1)	(für Satz 2)	(für Satz 3)
curiositate incitati (Neugier)	e ligno factum	a Troianis non vocatus
magnitudine equi perterriti	a Graecis relictum	e somno excitatus
a Laocoonte moniti	in litore positum	magna voce clamans
a Graecis decepti (täuschen)	militibus completum	timore commotus
magno metu affecti (befallen)	in urbem tractum	incolas monere cupiens

Freiarbeit Lektion 29

1. Wortschatzmemory

adhibēre	labor	ille, illa, illud	ferre
anwenden; hinzuziehen	Anstrengung; Arbeit	jener, jene, jenes	1. tragen 2. bringen 3. berichten
mortalis	liberare	incendere	etsi
sterblich; *Subst.:* Mensch	befreien	in Brand stecken	auch wenn; obwohl
conicere	superior	avis	praecipere
1. (zusammen)werfen 2. folgern; vermuten	der obere	Vogel	vorschreiben; belehren

Freiarbeit Lektion 29

2. Wortgitter
Begib dich auf die Suche nach Formen von *ferre*!
Wenn du alle 10 Formen gefunden hast, notiere sie auf der rechten Seite (die waagerechten der Reihenfolge nach von oben nach unten, die senkrechten von links nach rechts).
Wie lautet das Lösungswort?

D	R	V	E	L	I	P	S	A	F	E	R	O	L	C
I	T	U	L	E	R	I	T	V	B	R	D	F	O	L
R	U	N	H	D	S	Q	U	L	O	U	T	R	F	N
M	L	I	L	B	F	D	L	X	L	M	N	D	E	U
T	I	V	C	F	E	R	E	B	A	T	I	S	X	S
G	S	B	V	H	Q	D	R	E	T	B	U	A	F	M
V	T	D	N	F	E	R	A	M	U	S	R	T	E	D
G	I	L	U	T	E	F	M	C	S	H	A	Q	R	I
L	N	V	F	X	I	T	S	N	E	R	I	B	I	C
B	D	F	E	R	E	T	V	A	S	L	R	E	M	P
O	T	R	P	G	H	C	A	E	T	B	L	C	U	M
F	E	R	A	N	T	U	R	U	T	S	X	V	S	Q

waagerecht:

_ _ _ _ _ (2)

_ _ _ _ _ _ (6)

_ _ _ _ _ _ _ (11) _ (1)

_ _ _ _ _ (9)

_ _ _ (7) _ _ _ (8)

_ _ _ _ _ _ _ (12)

senkrecht:

_ _ _ _ _ (10)

_ _ _ _ _ _ _ (3)

_ _ _ _ _ (5) _ _

_ _ _ _ _ _ _ (4)

Lösungswort: _ _ _ _ _ _ _ _ _ _ _ _
                       1 2 3 4 5 6 7 8 9 10 11 12

3. *fer*-liebt, *fer*-lobt, *fer*-heiratet – Gaia und Titus
Füge jeweils die richtige Form von *ferre* ein und übersetze.

a) Homines _____ (Präs.) Titum Gaiam in matrimonium duxisse[1].

b) Post nuptias Titus omnia bona in villam novam _____ (Perf.).

c) Amici venerunt et dona _____ (Perf.).

d) Sed Gaia saepe absentiam[2] mariti _____ (Inf. Präs.) debuit:

e) Quondam[3] Titus in Galliam contendere debuit. Gaiae promisit: »Tibi per litteras de rebus, quae acciderint, _____ (Fut.).«

f) Cum Titus domum redisset, coniugi amatae oscula _____ (Impf.).

1 in matrimonium ducere: *jdn.* heiraten – **2 absentia, ae:** Abwesenheit – **3 quondam** *(Adv.):* einst, einmal

Freiarbeit Lektion 27-29

Formendomino
Spiele mit einem/mehreren Mitschüler(n) Formendomino. Die Dominosteine müssen so aneinander gelegt werden, dass jeweils Substantiv und Pronomen bzw. Adjektiv nach KNG zusammenpassen.
Ergeben sich mehrere Möglichkeiten der Zuordnung, entscheide nach dem Sinn!

hunc	**aves**	illis	**magnitudini**
illa	**metu**	has	**gloriā**
iucundarum	**laborem**	huius	**corpora**
illos	**rerum**	illam	**dies**
huic	**faciei**	hoc	**arcem**
magnō	**fatum**	maximā	**temporibus**

gestrichelte Linien = Schnittlinien

Freiarbeit Lektion 30

1. Wortschatzmemory

hiems	**traducere**	**nimis**	**ostendere**
Winter	hinüberführen, *mit dopp. Akk.: jmd.* über *etw.* führen	zu sehr; zu *(+ Adj.)*	zeigen
evenire	**trans**	**silva**	**intermittere**
1. herauskommen 2. sich ereignen	*(+Akk.)* jenseits *einer Sache*; über *etw.* hinüber	Wald	unterbrechen
inde	**constituere**	**plures**	**procedere**
1. von dort 2. seitdem; daraufhin 3. daher; deshalb	1. aufstellen 2. festsetzen; beschließen	*Pl.* mehrere	1. vorrücken 2. Fortschritte machen

Freiarbeit Lektion 30

2. Wortgitter

Begib dich auf die Suche nach Formen im Ablativ!
Wenn du alle 10 Formen gefunden hast, notiere sie auf der rechten Seite (die waagerechten der Reihenfolge nach von oben nach unten, die senkrechten von links nach rechts).
Wie lautet das Lösungswort?

P	L	U	R	I	B	U	S	I	V	B	C	N	A	T
O	I	D	Q	N	L	D	G	L	H	S	I	X	P	U
N	C	H	E	V	A	M	Q	G	N	R	O	G	R	I
T	B	A	P	T	X	H	A	E	S	T	M	L	O	O
E	U	N	S	R	G	I	L	N	O	R	P	H	C	E
Q	R	O	M	A	G	N	I	T	U	D	I	N	E	V
A	C	G	R	D	S	C	M	I	P	I	R	C	S	O
X	P	A	L	U	D	E	I	B	R	N	P	Q	S	N
V	D	L	E	C	R	P	B	U	M	H	C	T	I	H
S	U	G	S	T	Q	H	C	S	I	L	V	I	S	M
V	A	L	L	I	S	N	G	T	D	E	B	U	Q	I
E	G	H	A	S	X	I	E	M	O	R	I	B	U	S

waagerecht:

_ _ _ _ _ _ _ _ _
              3

_ _ _ _ _ _ _ _ _ _ _
          4

_ _ _ _ _ _
        8

_ _ _ _ _
    6

_ _ _ _ _ _ _
          1

_ _ _ _ _ _ _
            9

senkrecht:

_ _ _ _
  7

_ _ _ _ _ _ _
            10

_ _ _ _ _ _
  5

_ _ _ _ _ _ _ _
    2

Lösungswort: _ _ _ _ _ _ _ _ _ _
             1 2 3 4 5 6 7 8 9 10

3. Stammformen

Führe die Partizipien auf ihre Infinitive zurück und bilde die dazugehörigen Stammformen.
Wie lautet das Lösungswort?

	Infinitiv	1. Pers. Präs.	1. Pers. Perf.
prohibitis	_ _ _ _ _ _ _ _ 8	_ _ _ _ _ _ 12	_ _ _ _ _ _ _ 4
clauso	_ _ _ _ _ _ _ 7	_ _ _ _ _ 9	_ _ _ _ _ 2 6
victis	_ _ _ _ _ 3	_ _ _ _ 1	_ _ _ _ 11
amissa	_ _ _ _ _ _ 13	_ _ _ _ _ 10	_ _ _ _ 5

Lösungswort: _ _ _ _ _ _ _ _ _ _ _ _ _
             1 2 3 4 5 6 7 8 9 10 11 12 13

4. Formenkette

Nimm die Form »pons« als Startpunkt und verbinde die Wörter so, dass eine Figur entsteht. Die Angabe in der Klammer weist dir jeweils den Weg zur nächsten Form.

Beispiel: »pons (→ Gen.)« → Verbindung zu »pontis«

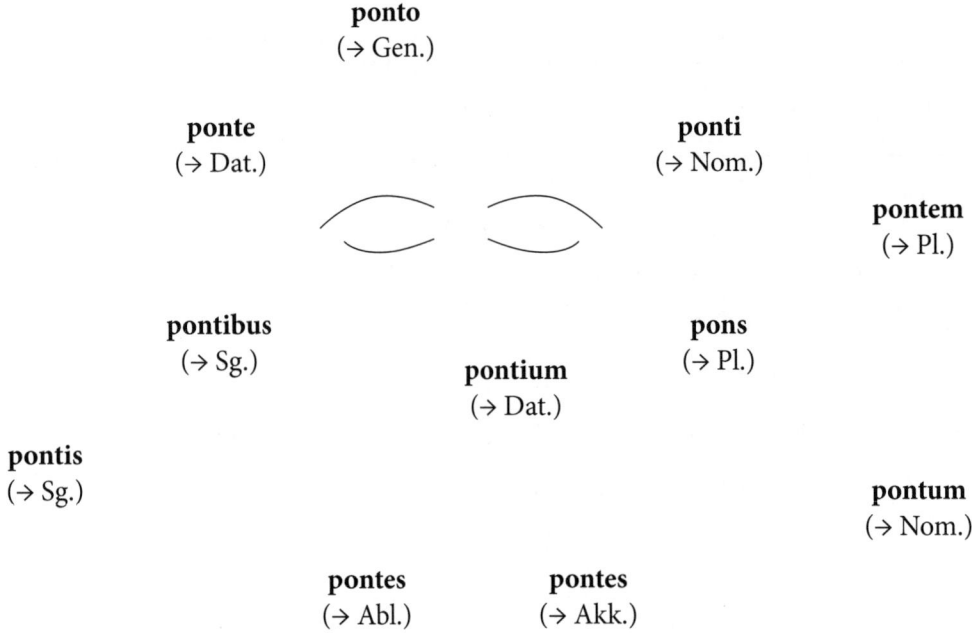

5. Abl. abs. selbst gemacht!

Ersetze die deutschen Formulierungen, indem du mithilfe der angegebenen Wörter lateinische Ablativi absoluti formst. Achte auch auf das Zeitverhältnis!

> viri – munire – ~~pons~~ – victoriā gaudere – appropinquare –
> fines – Germani – ~~facere~~ – Romani – subito impetum facere

Beispiel: Nachdem eine Brücke gebaut worden war, *milites flumen transierunt.*
→ *Ponte facto* *milites flumen transierunt.*

a) Nachdem die Grenzen befestigt worden waren, milites in castra redierunt.
→ _____ milites in castra redierunt.

b) Während sich die Römer näherten, Germani se in silvas abdiderunt.
→ _____ Germani se in silvas abdiderunt.

c) Als die Germanen plötzlich angriffen, Romani maxime territi sunt.
→ _____ Romani maxime territi sunt.

d) Während sich die Männer über den Sieg freuten, mulieres convivium[1] paraverunt.
→ _____ mulieres convivium[1] paraverunt.

1 convivium: Gastmahl

6. Im Krieg und im Frieden – zwei Geschichten

6.1 Schneide die Karten entlang der Schnittlinien aus und sortiere sie nach dem Zeitverhältnis: Ist der Abl. abs. gleichzeitig oder vorzeitig?

6.2 Übersetze die Sätze und ordne sie so an, dass jeweils eine kleine Geschichte entsteht.

Nocte appropinquante servi tandem laborare desierunt.	Hostibus pulsis imperator exercitum non laudavit.
Oratione imperatoris audita milites laeti non erant.	Familia hospites exspectante servi cibos parare debuerunt.
Exercitu con-vocato[1] imperator milites monuit. 1 **con-vocare:** zusammenrufen	Servis cibos parantibus filius litteras a puella pulchra accepit.
Omnibus dormientibus filius clam abiit, ut puellam conveniret.	Itinere longo facto exercitus ab hostibus saevis oppressus est.
Domino clamante servi vinum apportare debuerunt.	Castris positis[1] imperator milites con-vocavit[2]. 1 **castra ponere:** ein Lager aufstellen – 2 **con-vocare:** zusammenrufen

Hinweis: Diese Aufgabe ist dem Lernzirkel zum *Ablativus absolutus* von Julia Drumm entnommen und leicht angepasst an VIVA. Dort ist weiteres Übungsmaterial zu finden.

7.1. Adlerauge: Im folgenden Text sind sieben Abl. abs. versteckt. Markiere sie und schreibe jeweils über das Partizip, ob es sich um ein PPA oder ein PPP handelt.
7.2 Übersetze den Text.

Hannibal ad portas!
Im Jahr 218 v. Chr. überquerte Hannibal mit 38 Kriegselefanten und 20.000 Fußsoldaten die Alpen und griff die Römer überraschend an. Mit seinen Kriegselefanten versetzte er sie in Angst und Schrecken und gewann viele Schlachten, z.B. bei Cannae.

Aliquando Hannibal cum Romanis bellum gessit. Alpibus montibus superatis Italiam pervenit et complura oppida Romanorum cepit. Multis oppidis deletis Hannibal cum exercitu usque ad Cannas pervenit. Ibi multos Romanos acri pugna necavit. Hac clade accepta Romani desperabant. Romanis Hannibalem maxime timentibus nemo pugnare audebat. Itaque Hannibal Romae appropinquavit nullo adversario resistente. Quibus rebus auditis incolae urbis Romae omnem spem deposuerunt. Sed castris apud urbem positis[1] Hannibal Romam non oppugnavit. Multis annis post apud Zamam victus est.

1 **castra ponere,** posui, positum: ein Lager aufstellen

Hinweis: Diese Aufgabe ist dem Lernzirkel zum *Ablativus absolutus* von Julia Drumm entnommen und leicht angepasst an VIVA. Dort ist weiteres Übungsmaterial zu finden.

Freiarbeit Lektion 31

1. Wortschatzmemory

sol	tantum	consistere	paene
Sonne	1. nur 2. so sehr; so viel	1. sich aufstellen 2. stehen bleiben	fast
differre	nonnulli	numen	dux
1. auseinandertragen 2. aufschieben 3. (sich) unterscheiden	einige; manche	göttliche Macht; Gottheit	(Heer-)Führer
excipere	castra	caedere	crescere
1. aufnehmen 2. eine Ausnahme machen	Lager *(Sg.)*	fällen; niederhauen; töten	wachsen

Freiarbeit Lektion 31

2. Formensalat: Ordne Substantive und Pronomina einander zu.

filiis			ipsorum
duces	_____	_____	ipsum
imperatorem	_____	_____	ipsius
auctoris	_____	_____	ipsis
mortalium	_____	_____	ipsi

3. Satzpuzzle
3.1 Bilde durch Zuordnung der nominalen Ablativi absoluti sinnvolle Sätze.
3.2 Übersetze die vollständigen Sätze angemessen ins Deutsche.

Caesare duce ...	... liberi multos amicos invitaverunt.
Liberis invitis[1] ...	... populus statim tacuit.
Patre absente[2] ...	... Romani plures gentes vicerunt.
Imperatore praesente ...	... amicus consilium mutavit[3].
Me auctore ...	... familia longum iter fecit.

1 invitus, a, um: ungern, gegen den Willen – **2 absens:** abwesend – **3 consilium mutare:** den Plan ändern

4. Wahr oder falsch?

	✔	✗

a) Tacitus' Schrift *De bello Gallico* liefert uns Informationen über die Germanen.

b) Die Bezeichnung *Germani* existierte schon in der Antike.

c) Tacitus beschreibt u. a. die Lebensgewohnheiten der germanischen Stämme.

d) »Germanen« ist eine andere Bezeichnung für die Bürger der BRD.

e) Es fand keinerlei Grenzhandel zwischen Römern und Germanen statt.

Freiarbeit Lektion 32

1. Wortschatzmemory

crudelis	fides	scelus	committere
grausam	1. Vertrauenswürdigkeit; Vertrauen; Treue 2. Glaube	Verbrechen	1. veranstalten 2. überlassen; anvertrauen
princeps	lux	summus	res publica
der erste; der vornehmste *Subst.*: Kaiser	Licht	der oberste; der höchste; der letzte	Staat; Gemeinwesen; Politik
evertere	creber	supplicium	se praebēre
1. umkehren; umstürzen 2. zerstören; vernichten	zahlreich; häufig	1. flehentliches Bitten 2. Opfer 3. Todesstrafe; Hinrichtung	*(+ Akk.)* sich erweisen als

Freiarbeit Lektion 32

2. Activity
Präsentiere folgende Begriffe, indem du sie umschreibst, zeichnest oder pantomimisch darstellst.
Deine Mitschüler müssen sie erraten und die deutschen Bedeutungen nennen.

minimus	**lux**	**suscipere**
nicht benutzen: groß, Zwerg, wenig	*nicht benutzen:* hell, Sonne, dunkel	*nicht benutzen:* Aufgabe, Last
furor	**evertere**	**innocentia**
nicht benutzen: sauer, Wahnsinn	*nicht benutzen:* Umsturz, vernichten	*nicht benutzen:* Gericht, Verbrechen

3. Wortgitter
Begib dich auf die Suche nach Adverbien!
Wenn du alle 10 Formen gefunden hast, notiere sie auf der rechten Seite (die waagerechten der Reihenfolge nach von oben nach unten, die senkrechten von links nach rechts).
Wie lautet das Lösungswort?

O	T	C	L	P	U	L	C	H	R	E	P	H	I	C
A	N	B	H	S	X	I	M	Q	T	L	V	R	U	S
U	M	D	G	U	I	B	V	L	E	B	N	Q	C	H
D	X	P	R	O	B	E	C	G	S	I	R	N	U	D
A	V	B	A	D	S	N	E	H	A	U	C	S	N	O
C	Q	P	V	H	E	T	V	U	P	H	N	R	D	I
T	U	M	I	C	N	E	Q	G	I	U	S	T	E	H
E	L	C	T	P	I	R	G	S	E	Q	D	V	X	R
R	N	L	E	R	T	V	H	S	N	X	D	A	V	D
M	A	C	R	L	A	P	E	R	T	E	X	C	I	B
H	C	M	P	Q	S	T	C	N	E	A	G	Q	M	A
V	L	R	X	C	H	G	F	O	R	T	I	T	E	R

waagerecht:

_ _ _ _ _ _ _   4

_ _ _ _ _   7

_ _ _ _ _   9

_ _ _ _ _ _   2

_ _ _ _ _ _ _ _   10

senkrecht:

_ _ _ _ _ _ _ _   5

_ _ _ _ _ _ _ _   6

_ _ _ _ _ _ _ _   1

_ _ _ _ _ _ _ _ _   8

_ _ _ _ _ _ _   3

Lösungswort: _ _ _ _ _ _ _ _ _ _
                  1 2 3 4   5 6 7 8 9 10

4. Ein leichtes Spiel – leicht zu spielen?
Ordne die Formen in die Tabelle ein.

difficilis – graviter – dura – saevis – iuste – creber – publice – maxime – foedos – occulte – fortiter – nobile – celeriter – bene – apertum – libenter – cupidas – minime – dulci – recte – singulare – crudeliter – audaces

Adjektiv	Adverb

5. Adverbien gesucht!
Bilde jeweils das Adverb. Achtung: Die Adjektive gehören unterschiedlichen Deklinationen an! Dann übersetze.

a)  Montem _____ (celer) ascendit¹. Nunc gaudet.

b)  Milites _____ (acer) pugnant.

c)  Captivus _____ (miser) vivere debet.

1 ascendere: *Gegenteil von* descendere. *Erschließe die Bedeutung.*

Freiarbeit Lektion 30-32

Formendomino
Spiele mit einem/mehreren Mitschüler(n) Formendomino. Die Dominosteine müssen so aneinander gelegt werden, dass jeweils Substantiv und Adjektiv nach KNG zusammenpassen. Ergeben sich mehrere Möglichkeiten der Zuordnung, entscheide nach dem Sinn!

summae	**arboribus**	maximō	**innocentiae**
celeris	**crudelitate**	magnā	**hostium**
fidis	**capitis**	altis	**sociis**
fortium	**honore**	foedi	**equi**

gestrichelte Linien = Schnittlinien

Lösungen der Tests

Diagnosetest Lektion 18

1. Wortschatz: *1 Punkt pro gewusstem Wort*
1) loben – 2) 1. jeder 2. ganz; *Pl.:* alle – 3) 1. aufheben; hochheben 2. aufheben; beseitigen – 4) Rede – 5) laut verkünden; rühmen – 6) während

2. Formen: Adjektive der 3. Deklination: *1 Punkt pro Eintrag*

	Singular		Plural		
Nom.	nobilis				
Gen.	nobilis			nobilium	
Dat.	nobili				
Akk.	nobilem				
Abl.	nobili				

3. KNG-Kongruenz: *1 Punke pro Form*
a) somnus dulcis – b) virorum nobilium – c) orationi acri – d) togae elegantis – e) Romani omnes – f) verba singularia

4. Antike Kultur: Cicero: *2 Punkte pro Nennung*
- berühmter Redner Roms/»Inbegriff römischer Sprachkunst«
- Politiker (Konsul)
- Ermordung im Jahre 43 v. Chr.

Diagnosetest Lektion 19

1. Wortschatz: *1 Punkt pro gewusstem Wort*
1) halten; haben – 2) frei – 3) 1. lösen 2. bezahlen – 4) 1. niederdrücken; bedrohen 2. überfallen – 5) Götterspruch; Schicksal – 6) entfliehen

2. Formen: Relativpronomina: *0,5 Punkte pro Eintrag*

	Singular			Plural		
Nom.	qui	quae	quod	qui	quae	quae
Gen.						
Dat.		cui			quibus	
Akk.			quod		quas	quae
Abl.					quibus	

3. Relativsätze

3.1 Relativpronomen und Bezugswort erkennen: *1 Punkt pro Satz*
a) <u>Viri, qui</u> navem oppresserunt, nunc obsides poscunt.
b) <u>Insula, quam</u> videtis, magna est.

3.2 Relativsätze übersetzen: *2 Punkte pro Satz*
a) Die Männer, die das Schiff überfallen haben, fordern nun Geiseln.
b) Die Insel, die ihr seht, ist groß.

4. Antike Kultur: Caesar: *2 Punkte pro Nennung*
- Nachkomme des Aeneas *(der Überlieferung nach)*
- berühmter römischer Feldherr/militärische Verdienste/Eroberung Galliens
- Ermordung im Jahre 44 v. Chr.

Diagnosetest Lektion 20

1. Wortschatz: *1 Punkt pro gewusstem Wort*
1) schwer; ernst; wichtig – 2) 1. gründen; erbauen 2. verwahren; verstecken – 3) aus welchem Grund? weshalb? (*rel. Satzanschluss:* deshalb) – 4) kennenlernen; erkennen – 5) 1. Grund; Ursache 2. Schuld; Fall; Prozess 3. Sachverhalt; Sache – 6) auferlegen

2. Formen: Plusquamperfektformen erkennen: *1 Punkt pro richtiger Form; Minus-Punkt für falsche Form*
oppresserat – laudaverant – cognoveras – amiseram – simulaveratis – credideramus

3. Plusquamperfektformen bestimmen und übersetzen: *1 P. Bestimmung, 2 P. Übersetzung*
a) condiderat: 3. Person Singular Plusquamperfekt, er hatte gegründet/erbaut/verwahrt/versteckt
b) dixeramus: 1. Person Plural Plusquamperfekt, wir hatten gesagt

4. Sätze übersetzen: *jeweils 3 Punkte*
a) Aeneas sah den Schatten Didos. Diese/Sie hatte sich mit dem Schwert getötet.
b) Dido tötete sich mit dem Schwert. Aeneas hatte diese/sie verlassen.

5. Antike Kultur: Aeneas: *6 Punkte für richtige Antwort*
der Überlieferung nach Stammvater der Römer

Diagnosetest Lektion 21

1. Wortschatz: *1 Punkt pro gewusstem Wort*
1) 1. *etw./jdn.* schonen; auf *jdn.* Rücksicht nehmen 2. sparen – 2) 1. merkwürdig; erstaunlich 2. wunderbar –
3) Feind – 4) wahrnehmen; sehen; bemerken – 5) angreifen – 6) wenn nicht

2. Formen: Konjunktivformen erkennen: *1 Punkt pro richtiger Form; Minus-Punkt für falsche Form*
venisses – studerem – fecissent – vinceremus – fuisset – clamaretis

3. Konjunktivformen bestimmen: *1,5 Punkte pro Form*
a) tolleremus: Konj. Impf. – b) vidissem: Konj. Plqpf. – c) docuisset: Konj. Plqpf. – d) cerneres: Konj. Impf.

4. Irrealis

4.1 Prädikate bestimmen: *1 Punkt pro Prädikat*
properavisses: Irrealis der Vergangenheit – videremus: Irrealis der Gegenwart

4.2 Irrealis übersetzen: *2 Punkte pro richtiger Übersetzung des Prädikats*
Wenn du dich [vorhin] mehr beeilt hättest, sähen wir jetzt den Siegeszug/würden wir jetzt den Siegeszug sehen.

5. Antike Kultur: Triumphzüge: *viele Punkte genannt: 6 Punkte; einige Punkte genannt: 3 Punkte*
- Einzug über die *Via Sacra* zum Kapitol hinauf
- Reihenfolge: Träger mit Bildern von der Schlacht, Priester mit Opfertieren, hohe Senatsbeamte, Kriegsgefangene, Feldherr mit siegreichen Truppen
- Triumphator wie Jupiter gekleidet auf *Quadriga*
- Staatssklave hält Siegerkranz über dessen Haupt; flüstert: *Hominem te esse memento*
- Errichtung eines Triumphbogens

Diagnosetest Lektion 22

1. Wortschatz: *1 Punkt pro gewusstem Wort*
1) 1. berühren 2. gelingen 3. zuteil werden – 2) Volk; Menge; die große Masse – 3) 1. Geschmack haben
2. Verstand haben – 4) wagen – 5) zuerst; anfangs – 6) sich setzen; sich niederlassen

2. Merksätze vervollständigen: *3 Punkte pro Lücke*
Der Konjunktiv in lateinischen Nebensätzen wird in der Regel im Deutschen mit *Indikativ* wiedergegeben.
Eine Ausnahme sind *si-Sätze*.

3. *cum*-Sätze: Zeitverhältnis bestimmen und übersetzen: *3 Punkte pro Satz; 1 P. Zeitverhältnis, 2 P. Übersetzung*
a) Gleichzeitigkeit; Lucius kam in den Garten, *als* Fulvia Blumen pflückte.
b) Vorzeitigkeit; *Nachdem* Fulvia die Blumen nach Hause gebracht hatte, gingen die Kinder in die Stadt.

4. *cum-/ut*-Sätze übersetzen: *3 Punkte pro Satz*
a) Juno war zornig, weil ihr Mann Jupiter immer wieder andere Frauen liebte.
b) Juno war so zornig, dass sie ihren Mann mit lauter Stimme tadelte.

Diagnosetest Lektion 23

1. Wortschatz: *1 Punkt pro gewusstem Wort*
1) es gehört sich *für jdn., etw. zu tun* – 2) Sitte; Brauch; *Pl. auch:* Charakter – 3) innehaben; (besetzt) halten – 4) gewöhnlich tun; gewohnt sein – 5) nämlich; denn – 6) Freiheit

2. Formen: Konjunktivformen bestimmen: *1,5 Punkte pro Form*
venissem: Konj. Plqpf. – cupias: Konj. Präs. – feceritis: Konj. Perf. – laudaremus: Konj. Impf.

3. **Zeitverhältnis in konjunktivischen Nebensätzen**

3.1 Merksätze vervollständigen: *je 1 Punkt*
Konj. Präs./Konj. Impf. im Nebensatz werden *gleichzeitig* zum Hauptsatz übersetzt.
Konj. Perf./Konj. Plqpf. im Nebensatz werden *vorzeitig* zum Hauptsatz übersetzt.

3.2 Zeitverhältnis bestimmen und übersetzen: *2 Punkte pro Satz; 1 P. Übersetzung, 1 P. Zeitverhältnis*
a) Gleichzeitigkeit; Die Sklaven überlegen, warum nicht immer Saturnalien sein können.
b) Vorzeitigkeit; Dann tadeln die Sklaven ihren Herrn, weil er seine Pflichten nicht erfüllt hat.

4. **Antike Kultur: Saturnalienfest:** *viele Punkte genannt: 6 Punkte; einige Punkte genannt: 3 Punkte*
– Jeder hat frei, selbst die Sklaven.
– Sklaven werden von ihren Herren bedient.
– Dinge sind erlaubt, die sonst verboten sind (z. B. Glücksspiele).
– Eröffnung durch *sacrificium publicum* (öffentliches Opfer) zu Ehren Saturns
– *sigillaria*

Diagnosetest Lektion 24

1. **Wortschatz:** *1 Punkt pro gewusstem Wort*
1) an der Spitze stehen; jdn. kommandieren; etw. verwalten – 2) Hoffnung – 3) 1. stoßen, schlagen
2. vertreiben – 4) kühn: 1. frech 2. beherzt – 5) schicken – 6) anflehen; beschwören

2. **Formen: e-Deklination:** *1 Punkt pro richtigem Kasus*
a) rem: Akk. Sg. f. – b) rei: Gen. Sg. f./Dat. Sg. f. – c) res: Nom. Sg. f./Nom. Pl. f./Akk. Pl. f.

3. **Formen: u-Deklination:** *1 Punkt pro richtigem Kasus*
a) manu: Abl. Sg. f. – b) manus: Nom. Sg. f./Gen. Sg. f./Nom. Pl. f./Akk. Pl. f. – c) manuum: Gen. Pl. f.

4. **Genitive übersetzen:** *3 Punkte pro Ausdruck*
a) vis corporis: die Kraft des Körpers/Körperkraft – b) spes pacis: die Hoffnung auf Frieden

5. **Antike Kultur: Hadrianswall:** *6 Punkte für ganze Antwort; 3 Punkte für Teilantwort*
– Wall zur Grenzbefestigung im Norden Großbritanniens
– von Kaiser Hadrian errichtet
– Teile des Walls noch heute existent

Diagnosetest Lektion 25

1. **Wortschatz:** *1 Punkt pro gewusstem Wort*
1) Furcht; Angst – 2) fernhalten; abhalten; hindern – 3) dann; darauf – 4) zugrunde gehen – 5) mehrere; einige –
6) öffnen; aufdecken

2. **Formen: Passivformen erkennen:** *1 Punkt pro richtiger Form; Minus-Punkt für falsche Form*
oppressi sunt – pulsus erat – capti sumus – conditum est – aedificatae erant – laudata eras

3. **Passivformen bestimmen:** *2 Punkte pro Form*
a) oppressi sumus: 1. Person Plural Indikativ Perfekt Passiv – b) defensa essent: 3. Person Plural Konjunktiv Plusquamperfekt Passiv – c) pulsus erat: 3. Person Singular Indikativ Plusquamperfekt Passiv

4. **Passivsätze übersetzen:** *3 Punkte pro Satz*
a) Die Menschen wurden durch Flammen und Steine getötet.
b) Auch die ganze Stadt ist zerstört worden.

5. **Antike Kultur: Vesuvausbruch:** *6 Punkte für ganze Antwort; 3 Punkte für Teilantwort*
Historisch gesehen ist der Vesuvausbruch als »Glücksfall« zu bezeichnen, da er uns Einblicke in das Alltagsleben römischer Städte zur damaligen Zeit verschaffte. Lebens- und Essgewohnheiten der Einwohner konnten anhand der unter der Asche erstarrten und konservierten »Momentaufnahmen« und Gegenstände rekonstruiert werden.

Diagnosetest Lektion 26

1. **Wortschatz:** *1 Punkt pro gewusstem Wort*
1) alt – 2) gehen; weichen; nachgeben – 3) obwohl; wenn auch – 4) 1. gesund sein 2. stark sein
3. imstande sein – 5) jung; junger Mann/junge Frau – 6) 1. aufstellen 2. festsetzen; beschließen

2. **Formen: Passivformen erkennen:** *1 Punkt pro richtiger Form; Minus-Punkt für falsche Form*
audimini – agebantur – laudabitur – monebar – laudaris – intellegemur

3. Passivformen bestimmen: *2 Punkte pro Form*
a) deletur: 3. Person Singular Indikativ Präsens Passiv – b) monebamur: 1. Person Plural Indikativ Imperfekt Passiv – c) caperentur: 3. Person Plural Konjunktiv Imperfekt Passiv

4. Übersetzungen vervollständigen: *3 Punkte pro Satz*
a) Überall stürzen die Dächer ein, sodass viele an der Flucht *gehindert werden*.
b) Immer wieder *wurde* die Nacht von Flammen *erleuchtet*.

5. Antike Kultur: Plinius: *6 Punkte für ganze Antwort; 3 Punkte für Teilantwort*
- Plinius war ein römischer Autor. Er hinterließ eine umfangreiche Sammlung von Briefen, die für die Öffentlichkeit bestimmt und entsprechend sprachlich gestaltet waren (Briefliteratur).
- Plinius schrieb nieder, wie er persönlich den Vesuvausbruch erlebte.

Diagnosetest Lektion 27

1. Wortschatz: *1 Punkt pro gewusstem Wort*
1) 1. überzeugen 2. überreden – 2) die anderen; die übrigen/die Übrigen – 3) jdm. geneigt sein – 4) Klugheit; Weisheit – 5) entscheiden; beschließen – 6) 1. jdn. übertreffen 2. etw. geben; etw. leisten

2. Partizipien bestimmen: *1 Punkt pro richtigem Kasus*
a) iudicante: Abl. Sg. m./f./n. – b) vocantes: Nom. Pl. m./f.; Akk. Pl. m./f. – c) clamantibus: Dat. Pl. m./f./n.; Abl. Pl. m./f./n. – d) faventium: Gen. Pl. m./f./n.

3. Partizipkonstruktion erkennen: *3 Punkte pro Satz*
a) Deae Paridem [dubitantem] donis persuadere cupiunt.
b) Helena [maritum suum amans] cum Paride Troiam it.

4. Partizipkonstruktion übersetzen: *3 Punkte pro Satz*
a) Die Göttinnen wollen den zögernden Paris durch Geschenke überzeugen./Die Göttinnen wollen Paris, der zögert, durch Geschenke überzeugen./Die Göttinnen wollen Paris, weil er zögert, durch Geschenke überzeugen.
b) Die ihren Ehemann liebende Helena geht mit Paris nach Troja./Helena, die ihren Ehemann liebt, geht mit Paris nach Troja./Helena geht mit Paris nach Troja, obwohl sie ihren Ehemann liebt./Helena liebt ihren Ehemann und geht trotzdem mit Paris nach Troja.

5. Antike Kultur: Parisurteil: *6 Punkte für richtige Antwort*
Iuno, Minerva, Venus

Diagnosetest Lektion 28

1. Wortschatz: *1 Punkt pro gewusstem Wort*
1) heilig; geweiht – 2) töten – 3) Bitten; Gebet – 4) (innerlich) bewegen; veranlassen – 5) Burg – 6) bestrafen

2. KNG-Kongruenz: *1 Punkt pro Form*
a) capti viri – b) promissam pecuniam – c) rerum gestarum – d) victas nationes – e) laesae famae – f) commotus miles

3. Partizipkonstruktion erkennen: *3 Punkte pro Satz*
a) Troiani [a Laocoonte moniti] equum in urbem traxerunt.
b) Graeci [noctem exspectantes] in equo remanserunt.

4. Partizipkonstruktion übersetzen: *3 Punkte pro Satz; je 0,5 P. Zeitverhältnis und Genus verbi, 2 P. Übersetzung*
a) Zeitverhältnis: Vorzeitigkeit; Genus verbi: Passiv; Die von Laokoon gewarnten Trojaner zogen das Pferd in die Stadt./Die Trojaner, die von Laokoon gewarnt worden waren, zogen das Pferd in die Stadt./Die Trojaner zogen das Pferd in die Stadt, obwohl sie von Laokoon gewarnt worden waren./Die Trojaner waren von Laokoon gewarnt worden und zogen das Pferd trotzdem in die Stadt.
b) Zeitverhältnis: Gleichzeitigkeit; Genus verbi: Aktiv; Die auf die Nacht wartenden Griechen blieben im Pferd zurück./Die Griechen, die auf die Nacht warteten, blieben im Pferd zurück./Die Griechen blieben im Pferd zurück, weil sie auf die Nacht warteten./Die Griechen blieben im Pferd zurück und warteten auf die Nacht.

Diagnosetest Lektion 29

1. Wortschatz: *1 Punkt pro gewusstem Wort*
1) in Brand stecken – 2) sterblich; Mensch – 3) anwenden; hinzuziehen – 4) Welle –
5) vorschreiben; belehren – 6) gerade; recht; richtig

2. Formen: *hic, haec, hoc; ille, illa, illud: 0,5 Punkte pro Eintrag*

	Singular			Plural		
Nom.			illud	hi		
Gen.	illius		horum		horum
Dat.					his	
Akk.		illam	illud	hos		
Abl.	illo		illo	his		

3. Formen von *ferre* **bestimmen:** *2 Punkte pro Form*
a) feras: 2. Person Singular Konjunktiv Präsens Aktiv
b) ferebantur: 3. Person Plural Indikativ Imperfekt Passiv
c) tulimus: 1. Person Plural Indikativ Perfekt Aktiv

4. Antike Kultur: Odysseus: *2 Punkte pro Nennung*
Sirenen, der Zyklop Polyphem, Kirke

Diagnosetest Lektion 30

1. Wortschatz: *1 Punkt pro gewusstem Wort*
1) Brücke – 2) 1. aufstellen 2. festsetzen; beschließen – 3) 1. vorrücken 2. Fortschritte machen –
4) befestigen – 5) 1. herauskommen 2. sich ereignen – 6) mehrere

2. Abl. abs. erkennen: *3 Punkte pro Satz*
a) [Militibus Romanis procedentibus] Germani se in silvas abdiderunt.
b) [Pluribus legionibus amissis] imperator constituit se trans flumen recipere.

3. Abl. abs. übersetzen: *je 0,5 P. Zeitverhältnis und Genus verbi, 2 P. Übersetzung*
a) Zeitverhältnis: Gleichzeitigkeit; Genus verbi: Aktiv;
   Während/Weil die römischen Soldaten vorrückten, verbargen sich die Germanen in den Wäldern.
   Während/Wegen des Vormarsches der römischen Soldaten verbargen sich die Germanen in den Wäldern.
b) Zeitverhältnis: Vorzeitigkeit; Genus verbi: Passiv;
   Nachdem/Weil mehrere Legionen verloren worden waren, beschloss der Feldherr, sich über den Fluss zurückzuziehen. Nachdem/Weil er mehrere Legionen verloren hatte, beschloss der Feldherr, sich über den Fluss zurückzuziehen.
   Nach/Wegen des Verlustes mehrerer Legionen beschloss der Feldherr, sich über den Fluss zurückzuziehen.

4. Übersetzungsvarianten Abl. abs.: *richtige Auswahl 1,5 P., falsche Auswahl -1,5 P.*
richtig: Übersetzung 2 und 3
falsch: Übersetzung 1 und 4 (Zeitverhältnis nicht beachtet)

Diagnosetest Lektion 31

1. Wortschatz: *1 Punkt pro gewusstem Wort*
1) 1. Urheber; Veranlasser 2. Stammvater – 2) wachsen – 3) Lager – 4) fällen; niederhauen; töten –
5) warum? weshalb? (*rel. Satzanschluss:* deshalb) – 6) Gastmahl; Fest

2. Unterschied zwischen nominalem und »normalem« Abl. abs. benennen: *6 Punkte für ganze Antwort;*
3 Punkte für Teilantwort
- Beim nominalen Abl. abs. nimmt das Substantiv im Abl. abs. nicht ein Partizip, sondern ein weiteres Substantiv oder ein Adjektiv im Ablativ zu sich.
- Der nominale Abl. abs. steht gleichzeitig zum übergeordneten Satz; der »normale« Abl. abs. kann gleichzeitig oder vorzeitig zum übergeordneten Satz stehen.

3. Abl. abs. erkennen: *2 Punkte pro Satz*
a) [Traiano duce] Romani contra barbaros pugnaverunt.
b) [Hostibus pulsis] milites se in castra receperunt.
c) [Imperatore auctore] lex nova constituta est.

4. Abl. abs. übersetzen: *2 Punkte pro Satz*
a) Unter Führung Trajans kämpften die Römer gegen Barbaren/ausländische Völker.
b) Nachdem die Feinde vertrieben worden waren, zogen sich die Soldaten ins Lager zurück./Nachdem sie die Feinde vertrieben hatten, zogen sich die Soldaten ins Lager zurück./Nach der Vertreibung der Feinde zogen sich die Soldaten ins Lager zurück.
c) Auf Veranlassung des Kaisers wurde ein neues Gesetz beschlossen.

5. Antike Kultur: Germanen: *6 Punkte für richtige Antwort*
Tacitus

Diagnosetest Lektion 32

1. Wortschatz: *1 Punkt pro gewusstem Wort*
1) 1. veranstalten 2. überlassen; anvertrauen – 2) verborgen; geheim – 3) sich erweisen als – 4) Staat; Gemeinwesen; Politik – 5) übernehmen; auf sich nehmen – 6) 1. Kopf 2. Hauptstadt

2. Adverbien erkennen: *1 Punkt pro richtiger Form; Minus-Punkt für falsche Form*
publice – crudeliter – bene – graviter – acriter – probe

3. Genitiv/Ablativ der Beschaffenheit übersetzen: *2 Punkte pro Ausdruck*
a) ein Mann von höchster/größter Ehre
b) Geschenke von großem Preis/Wert
c) ein Mensch von großer Grausamkeit/ein sehr grausamer Mensch

4. Antike Kultur: Christenverfolgung: *viele Punkte genannt: 6 Punkte; einige Punkte genannt: 3 Punkte*
– Verweigerung, den Kaiser als Gott zu verehren
– Verdächtigung, dass Christen das Römische Imperium zerstören wollen
– Verehrung eines gekreuzigten Verbrechers erregt Anstoß.
– Dass Sklaven und Frauen innerhalb der christlichen Gemeinde eine wichtige Rolle spielen, ist für Römer schwer zu verstehen.

Lösungen zum Freiarbeitsmaterial

Lektion 18

3. Wortgitter: Das Lösungswort lautet »gut geloest«.

waagerecht:

S T U L T I S
N O B I L I S
A C R E
A N T I Q U I S
P R O B U S

senkrecht:

E L E G A N T I S
H O N E S T U M
S I N G U L A R I
D U L C I B U S
I U C U N D U M

4. Formensalat

milites meliores – puella dulcis – pugnis acribus – verba singularia – virum nobilem

5. Sätze ergänzen: Das Lösungswort lautet »Rhodos«.
a) Lucius in insula *dulci* studere cupit. Lucius möchte auf einer angenehmen Insel <Rhetorik> studieren.
b) Pater dicit scholam locum *meliorem* esse. Der Vater sagt, dass die Schule der bessere Ort <dafür> ist.
c) Filium verbis *acribus* reprehendit. Er tadelt den Sohn mit scharfen Worten.
d) Viri *nobiles* otio se non dant! Adlige Männer geben sich nicht dem Freizeitvergnügen hin!
e) Oratio *singularis* homines movere potest. Eine einzigartige Rede kann die Menschen bewegen/beeindrucken.
f) *Omnes* Romani eloquentiam diligunt. Alle Römer schätzen die Beredsamkeit.

6. Quiz: Was weißt du über Cicero?
aC (Marcus Tullius Cicero) – bA (106–43 v. Chr.) – cD (Gerichtsreden) – dB (Griechenland)

Lektion 19

3. Wortgitter: Das Lösungswort lautet »Europareise«.

waagerecht:

Q U I B U S
Q U A E
P R O N O M I N A
C U I U S
E A R U M
Q U I

senkrecht:

E A E
E I U S
E O R U M
E U M
Q U A R U M

4. Satzpuzzle: Das Lösungswort lautet »Seegefecht«.

a) Caesar, qui Rhodum ire cupit, cum piratis pugnare debet.
b) Piratae, quorum vires magnae sunt, Romanos exspectant.
c) Navis, qua navigant, magna est.
d) Piratae omnia, quae Caesar iubet, faciunt.
e) Socii pecuniam, quam piratae poposcerunt, solvunt.

a) *Caesar, der nach Rhodos reisen will, muss mit Piraten kämpfen.*
b) *Die Piraten, deren Kräfte groß sind, erwarten die Römer.*
c) *Das Schiff, mit dem sie fahren, ist groß.*
d) *Die Piraten machen alles, was Caesar befiehlt.*
e) *Die Gefährten bezahlen das Geld, das die Piraten gefordert haben.*

5. Relativpronomina einfügen

Piratae navem magnam vident. Is, qui dux piratarum est, clamat: »Navis, quam videmus, navis Romana est! Cavete eos, qui Romā veniunt! Romani viri periculosi sunt. Arma, quibus pugnant, acria sunt. Abducite omnes, quos comprehendere potestis! Qui obsides liberare cupit, nobis pecuniam dare debet.«

Übersetzung: Plötzlich sehen die Piraten ein großes Schiff. Derjenige, der Anführer der Piraten ist, ruft: »Das Schiff, das wir sehen, ist ein römisches Schiff! Hütet euch vor denen, die aus Rom kommen! Die Römer sind gefährliche Männer. Die Waffen, mit denen sie kämpfen, sind scharf. Führt alle ab, die ihr ergreifen könnt! Wer die Geiseln befreien will, muss uns Geld geben.«

6. Formenkette

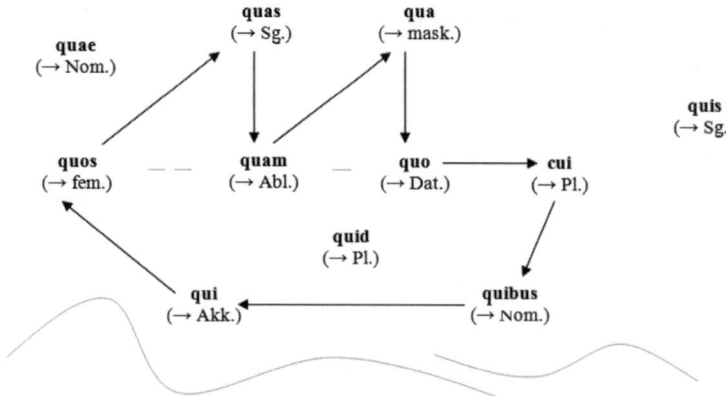

7. *Alea iacta est* – Weißt du Bescheid über Caesar?

a) Caesar galt als Nachfahre des Aeneas. – wahr
b) Caesar war der erste römische Kaiser. – falsch (Augustus war der erste römische Kaiser.)
c) Caesar hat an den Iden des März Selbstmord begangen. – falsch (Caesar wurde an den Iden des März ermordet.)
d) Caesar lebte von 100–44 v. Chr. – wahr
e) Caesar hat Gallien in einem schweren Krieg besiegt. – wahr
f) Caesar hat über diesen Krieg in seiner Schrift *De bello Germanico* berichtet. – falsch (Der Titel der Schrift lautet *De bello Gallico*.)

Lektion 20

2. Wortgitter: Das Lösungswort lautet »Stammvater«.

X	D	L	O	B	N	P	O	P	O	S	C	E	R	A	M
G	O	S	V	C	O	M	A	H	T	R	L	T	X	C	B
C	C	O	I	M	P	O	S	U	E	R	A	N	T	R	E
O	U	D	G	R	P	G	L	Q	V	E	M	N	H	B	G
G	I	O	S	P	R	T	F	U	E	R	A	M	U	S	D
N	T	C	A	C	E	B	L	C	N	T	V	P	S	E	C
O	U	U	D	M	S	U	S	T	U	L	E	R	A	M	U
V	T	E	H	I	S	I	G	L	C	G	R	X	R	Q	B
E	R	R	A	V	E	R	A	N	T	X	A	N	T	P	I
R	G	A	P	U	R	B	G	L	R	A	S	O	H	C	T
A	N	T	G	I	A	R	F	E	C	E	R	U	N	T	M
S	R	L	P	O	T	U	E	R	A	T	I	S	G	C	D

waagerecht:
POPOSCERAM (5)
IMPOSUERANT (2)
FUERAMUS (7)
SUSTULERAM (1)
ERRAVERANT (6)
POTUERATIS (3)

senkrecht:
COGNOVERAS (9)
DOCUERAT (8)
OPPRESSERAT (10)
CLAMAVERAS (4)

Lösungen zum Freiarbeitsmaterial

3. Tempusfalle auf Deutsch: Das Lösungswort lautet »Unterwelt«.

a) wir haben verteidigt — Perfekt
b) er hatte gekocht — Plusquamperfekt
c) sie konnten — Präteritum
d) er hat geschickt — Perfekt
e) sie weinte — Präteritum
f) sie sind gekommen — Perfekt
g) er war gerannt — Plusquamperfekt
h) du zögertest — Präteritum
i) ihr hattet gezeigt — Plusquamperfekt

4. Tempusfalle auf Latein: Das Lösungswort lautet »Styx«.

a) effugerat — er war geflohen
b) condidit — er gründete
c) tenuerant — sie hatten gehalten
d) laudaverunt — sie lobten

5. Stammformen: Das Lösungwort lautet »Vergangenheit«.

cognoveras: cognoscere – cognosco – cognovi – cognitum
fueram: esse – sum – fui
imposuerat: imponere – impono – imposui – impositum
habueratis: habere – habeo – habui – habitum
descenderat: descendere – descendo – descendi – descensum

6. Aeneas' lange Geschichte

Aeneas flieht aus dem brennenden *Troja*. Sein Sohn *Ascanius* und sein Vater *Anchises* sind bei ihm. Viele Jahre irrt er umher. Er kehrt bei *Dido*, der Königin von *Karthago*, ein. Sie lieben einander, doch *Aeneas* muss fort, weil es die *Götter* befehlen. Aus *Liebeskummer* begeht Dido Selbstmord.

Eines Nachts erscheint der mittlerweile verstorbene *Anchises* seinem Sohn im Traum. Er befiehlt Aeneas, in die *Unterwelt* hinabzusteigen, um dort das *Schicksal seines Volkes* zu erfahren. Schließlich landet Aeneas in *Italien*. Dies wird die neue Heimat der *Römer* werden.

Lektion 18-20: Formendomino

mögliche Lösung: ingentes | laudi optimae | poenis gravibus | pericula magna | itinere durō | generum nobilium | fatum bonum | navem totam | insulis dulcibus | locus melior | montis alti | puellarum piarum | portas

Lektion 21

2. Wortgitter: Das Lösungswort lautet »grossartig«.

waagerecht:
OPPUGNARET
DUXISSET
REGEREM
DEDISSEMUS
CREVISSENT

senkrecht:
REMANEREM
PUGNARES
TOLLERETIS
TENUISSENT
IUBEREMUS

3. Formenbestimmung: Das Lösungswort lautet »Via Sacra«.

timeret: Konj. Impf. – affueram: Ind. Plqpf. – monuissem: Konj. Plqpf. – redderetis: Konj. Impf. – fugiebamus: Ind. Impf. – didicisses: Konj. Plqpf. – duxerant: Ind. Plqpf. – iuberent: Konj. Impf.

Lösungen zum Freiarbeitsmaterial

4. Irreales Deutsch!

Mögliche irreale Satzgefüge:

Situation	Irrealis der Gegenwart	Irrealis der Vergangenheit
Bus verpassen	Wenn ich den Bus verpassen würde, käme ich/würde ich viel zu spät (kommen).	Wenn ich den Bus verpasst hätte, wäre ich viel zu spät gekommen.
älter sein	Wenn ich älter wäre, führe ich nicht/würde ich nicht mit meinen Eltern in den Urlaub (fahren).	Wenn ich damals älter gewesen wäre, wäre ich nicht mit meinen Eltern in den Urlaub gefahren.
eine Reise machen	Wenn ich eine Reise machen würde, flöge ich/würde ich nach Griechenland (fliegen).	Wenn ich eine Reise gemacht hätte, wäre ich nach Griechenland geflogen.
in die Zukunft sehen können	Wenn ich in die Zukunft sehen könnte, wüsste ich, ob es ein schöner Sommer wird.	Wenn ich in die Zukunft hätte sehen können, hätte ich gewusst, dass es ein verregneter Sommer wird.
eher wissen	Wenn ich schon die Antwort wüsste, könnte ich mir die ganze Arbeit sparen.	Wenn ich die Antwort eher gewusst hätte, hätte ich mir die ganze Arbeit sparen können.
Sonnenschein	Wenn die Sonne schiene, äßen wir/würden wir ein Eis (essen).	Wenn die Sonne geschienen hätte, hätten wir ein Eis gegessen.
sich beeilen	Wenn ich mich beeilen würde, käme ich/würde ich noch rechtzeitig (kommen).	Wenn ich mich beeilt hätte, wäre ich noch rechtzeitig gekommen.
Besuch bekommen	Wenn ich Besuch bekäme, würde ich einen Kuchen backen.	Wenn ich Besuch bekommen hätte, hätte ich einen Kuchen gebacken.
Geld haben	Wenn ich mehr Geld hätte, würde ich eine Weltreise machen.	Wenn ich mehr Geld gehabt hätte, hätte ich eine Weltreise gemacht.
Schulleiter sein	Wenn ich Schulleiter wäre, ließe ich/würde ich die Schule bemalen (lassen).	Wenn ich Schulleiter gewesen wäre, hätte ich die Schule bemalen lassen.
in der Antike leben	Wenn ich in der Antike leben würde, wäre ich Konsul.	Wenn ich in der Antike gelebt hätte, wäre ich Konsul gewesen.
berühmt sein	Wenn ich berühmt wäre, trüge ich/würde ich immer eine Sonnenbrille (tragen).	Wenn ich berühmt gewesen wäre, hätte ich immer eine Sonnenbrille getragen.
Zeit zurückdrehen können	Wenn ich die Zeit zurückdrehen könnte, begänne ich/würde ich noch einmal von vorn (beginnen).	Wenn ich die Zeit hätte zurückdrehen können, hätte ich noch einmal von vorn begonnen.
Ferien haben	Wenn ich Ferien hätte, läge ich/würde ich den ganzen Tag in der Sonne (liegen).	Wenn ich Ferien gehabt hätte, hätte ich den ganzen Tag in der Sonne gelegen.
Regen	Wenn es regnen würde, bliebe ich/würde ich den ganzen Tag im Bett (bleiben).	Wenn es geregnet hätte, wäre ich den ganzen Tag im Bett geblieben.
etwas wünschen dürfen	Wenn ich mir etwas wünschen dürfte, könnte ich mich gar nicht entscheiden.	Wenn ich mir hätte etwas wünschen dürfen, hätte ich mich gar nicht entscheiden können.

5. Irreales Latein!

a) Si milites copias hostium non vicissent, triumphum non egissent. – Irrealis der Vergangenheit
  Wenn die Soldaten die Truppen der Feinde nicht besiegt hätten, hätten sie keinen Triumph gefeiert.
b) Si magis properavisses, triumphum spectare potuissemus. – Irrealis der Vergangenheit
  Wenn du dich mehr beeilt hättest, dann hätten wir den Triumphzug sehen können.
c) Si vir clarus essem, omnes me diligerent. – Irrealis der Gegenwart
  Wenn ich ein berühmter Mann wäre, würden mich alle lieben.
d) Si mecum iter faceres, res pulchras videres. – Irrealis der Gegenwart
  Wenn du mit mir eine Reise machen würdest, würdest du schöne Dinge sehen.
e) Si tacuisses, veritatem non accepissemus. – Irrealis der Vergangenheit
  Wenn du geschwiegen hättest, hätten wir die Wahrheit nicht erfahren.

6. Herrschergalerie

1. Augustus – war der erste römische Kaiser.
2. Domitian – war ein sehr umstrittener Herrscher und wurde schließlich ermordet.
3. Nerva – regierte nur zwei Jahre als römischer Kaiser.
4. Trajan – brachte das römische Imperium zu seiner größten Ausdehnung und setzte verschiedene soziale und bauliche Verbesserungen durch.

Lösungen zum Freiarbeitsmaterial

Lektion 22

3. Europas Vater ist schockiert: Das Lösungswort lautet »Creta«.
Sinnvolle Übersetzungen:
Der Vater Europas verzweifelte, *weil* er seine Tochter verloren hatte.
Der Vater ging zu den Freundinnen seiner Tochter, *um zu* erfahren, was sich ereignet hatte.
Er war *so* zornig, *dass* er den Stier töten wollte.
Europa lebte gerne auf der Insel, *obwohl* sie ihre Heimat vermisste.

4. Jupiter und seine Liebschaften: Das Lösungswort lautet »Herkules«.
Richtige Übersetzungen:
Jupiter ging zu Alkmene, *nachdem* ihr Ehemann *fortgegangen war*.
Der Gott liebte Alkmene so sehr, dass er eine List *vorbereitete*.
Jupiter verwandelte sich in den Ehemann, damit Alkmene ihn nicht *erkannte*.
Alkmene liebte Jupiter, weil sie den Gott für ihren Ehemann *hielt*.
Iuno war zornig, weil Jupiter wieder einmal zu einem Mädchen *gegangen war*.

5. Bilderrätsel
a) C) Flavia cibum emere debuit, cum templum ire mallet.
   Flavia musste Essen kaufen, obwohl sie lieber zum Tempel gehen wollte.
b) A) Cum Romani flumen transissent, cum Germanis contenderunt.
   Als die Römer den Fluss überquert hatten, kämpften sie mit den Germanen.
c) B) Lucius Fulviam tam saepe capiebat, ut Fulvia flere inciperet.
   Lucius erwischte Fulvia so oft, dass Fulvia anfing zu weinen.

Lektion 23

3. Wortgitter: Das Lösungswort lautet »applaudemus«.

waagerecht:
CONVENIAT
DEDERITIS
SOLEAMUS
CONTIGERIT

senkrecht:
ASPEXERIM
METUANT
OBTINUERINT
BIBAMUS
ACCIDERIT
OPTES

4. Formenbestimmung: Das Lösungswort lautet »Saturnus«.
optemus: Konj. Präs. – crevissent: Konj. Plqpf. – obtineret: Konj. Impf. – conveneritis: Konj. Perf. – aspicerem: Konj. Impf. – sedeamus: Konj. Präs. – credidisset: Konj. Plqpf. – tenueris: Konj. Perf.

5. Kreuzworträtsel: Das Lösungswort lautet »aurea aetas«.

6. Wünsch dir was!
a) Ich wünsche (mir), dass du mit mir eine Reise machst.
b) Wir wünschen (uns), dass ihr fröhlich seid.
c) Ich bitte euch, nicht heimlich das Haus zu verlassen/dass ihr nicht heimlich das Haus verlasst.
d) Sie fürchten, dass harte Zeiten kommen.
e) Der Sohn fürchtet, dass der Vater ihn tadelt.

7. Indirekte Fragesätze – Reisebericht
a) Lucius rogat, quid Fulvia Romae *viderit*.
   Lucius fragt, was Fulvia in Rom gesehen hat/habe.
b) Lucius rogat, quis ei urbem *demonstraverit*.
   Lucius fragt, wer ihr die Stadt gezeigt hat/habe.
c) Lucius rogat, quos locos *spectaverit*.
   Lucius fragt, welche Orte sie gesehen hat/habe.
d) Lucius rogat, quo tempore iterum Romam *petat*.
   Lucius fragt, wann (zu welcher Zeit) sie wieder nach Rom geht/gehe.

8. Lückentext
Bei den Saturnalien handelte es sich um ein Kultfest zu Ehren des Gottes *Saturn*. Das Fest begann am *17. Dezember* mit einem *öffentlichen Opfer*. Dann wurde über mehrere Tage ausgelassen gefeiert. Traditionell beschenkte man sich zu diesem Fest. Auf den *sigillaria* wurden Geschenke wie *Kerzen* oder *Tonfigürchen* gekauft. Ähnlich wie bei uns zu *Karneval* wurde an diesen Tagen vieles geduldet, was sonst verboten war. So ließ man an den Festtagen z. B. *Würfelspiele* um Geld zu. *Standesunterschiede* spielten während des Festes keine Rolle: Die *Sklaven* und ihre *Besitzer* feierten gemeinsam und tauschten bisweilen sogar ihre Rollen. Noch heute werden an manchen Universitäten *Saturnalienfeste* gefeiert. – Kannst du dir vorstellen, wie es dort abläuft?

Lektion 21-23: Formendomino
mögliche Lösung: similes | imagini mediae | libertate verā | vitia multa | agmine dignō | litorum clarorum | vinum malum | sedem primam | moribus antiquis | socius alter | sermonis miri | puellarum tristium | togas

Lektion 24

2. KNG: Das Lösungswort lautet »fabula«.
lacus altus/lacus alti; spem magnam; exercituum fortium; facies pulchrae/facies pulchra

3. Wenn Großvater erzählt ...
»Per multas horas ibi remanebamus et monstrum exspectabamus. Viri *spei* pleni erant. Nihil autem aspicere potuimus. Itaque milites ad castra redire iussi. Pars *exercitūs* nos risit, quia frustra *lacum* petiveramus. Postridie iterum lacum adiimus, ut *impetum* in monstrum faceremus. Postquam monstrum necavimus, omnes de *pernicie* monstri gaudebant. Nisi monstrum nostra *manu* perisset ...«
Viele Stunden lang blieben wir dort und warteten auf das Monster. Die Männer waren voller Hoffnung. Aber wir konnten nichts sehen. Deshalb befahl ich den Soldaten, dass sie wieder ins Lager zurückkehren. Ein Teil des Heeres lachte uns aus, weil wir vergeblich den See aufgesucht hatten. Am nächsten Tag marschierten wir wieder zum See, um das Monster anzugreifen. Nachdem wir das Monster getötet hatten, freuten sich alle über den Tod des Monsters. Wenn das Monster nicht durch unsere Hand gestorben wäre, ...

4. Rette den Genitiv!
a) Spes laudis poetas incitat. – *Die Hoffnung auf Ruhm treibt die Dichter an.*
b) Britanni impetum Romanorum defenderunt. – *Die Briten wehrten den Angriff der Römer ab.*
c) Matris amor liberorum magnus est. – *Die Liebe der Mutter zu ihren Kindern ist groß.*
d) Roma pulcherrima urbs Italiae est. – *Rom ist die schönste Stadt Italiens.*

5. Formendomino
mögliche Lösung: audax | maris alti | rerum novarum | dies duros | faciei pulchrae | triumphis magnis | tempora aspera | impetu toto | hominum multorum | studium iucundum | exercitum fortem | orationibus doctis | miles

Lektion 25

3. Wortgitter: Das Lösungswort lautet »Genus verbi«.

waagerecht:
RESTITUTA ERAT
PULSUS SIS

senkrecht:
VICTI ERAMUS
CREATUS ESSET
PROHIBITI SINT
LAUDATI ESTIS
MISSI ESSENT
NEGLECTUM EST

4. Das Unglück von Pompeji: Das Lösungswort lautet »eruptio«.
a) Signa periculi ab hominibus *neglecta erant*. – Die Zeichen der Gefahr waren von den Menschen nicht beachtet worden.
b) Caelum obscurum flammis *illustratum est*. – Der dunkle Himmel wurde von den Flammen erleuchtet.
c) Multi incolae lapidibus *necati sunt*. – Viele Einwohner wurden durch Steine getötet.
d) Omnes domus *relictae sunt*. – Alle Häuser wurden verlassen.
e) Multis annis post vestigia antiqua *inventa sunt*. – Viele Jahre später wurden die alten Spuren gefunden.
f) Cinis lapidesque *sublati sunt*. – Asche und Steine wurden entfernt.
g) Reliquiae Pompeiorum iam a multis visitatoribus *spectatae sunt*. – Die Überreste von Pompeji wurden schon von vielen Besuchern betrachtet.

5. Stammformen: Das Lösungwort lautet »Leideform«.
facta sunt: facere – facio – feci
demonstratum erat: demonstrare – demonstro – demonstravi
clausae essent: claudere – claudo – clausi

6. Bildung von Passivsätzen
Miles victus est. – Asino aqua apportata est. – Domus restituta est.

Lektion 26

7. Quiz: Was weißt du über den Vesuvausbruch?
a) C (79 n. Chr.) – b) D (Neapel) – c) B (Die Asche konservierte alles, was darunter lag.)

Lektion 26

3. Wortgitter: Das Lösungswort lautet »laudaberis«.

P	I	L	I	D	U	C	E	R	I	S	B	V	E	R
D	Q	R	T	M	L	V	G	F	U	T	D	S	A	G
D	L	F	X	P	E	L	L	E	B	A	M	U	R	B
E	M	R	E	R	V	N	L	P	F	T	A	C	O	I
F	D	S	P	O	N	E	R	E	T	U	R	X	G	H
E	H	R	U	H	D	I	P	N	G	A	T	R	A	S
N	B	X	E	I	G	A	L	Q	R	N	B	V	B	U
D	R	V	H	B	L	G	O	D	A	T	R	B	O	F
I	T	O	F	E	R	E	V	C	T	U	C	E	R	T
T	C	H	Q	M	O	N	E	B	A	R	I	S	B	N
U	M	L	B	I	A	T	O	P	B	T	A	I	G	E
R	E	L	I	N	Q	U	E	R	E	R	V	A	U	D
H	S	Q	F	I	T	R	B	C	I	H	E	N	R	S

waagerecht:
D U C E R I S (3)
P E L L E B A M U R (6)
P O N E R E T U R (8)
M O N E B A R I S (7)
R E L I N Q U E R E R (1)

senkrecht:
D E F E N D I T U R (4)
P R O H I B E M I N I (9)
A G E N T U R (2)
S T A T U A N T U R (10)
R O G A B O R (5)

4. Formenkette

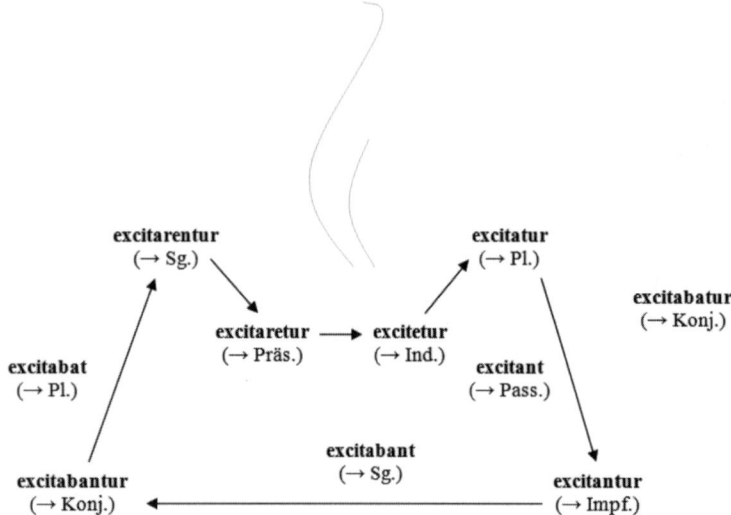

5. Formenbausteine
mögliche Passivformen im Präsens: excita-ris: du wirst angetrieben – depon-u-ntur: sie werden abgelegt – prohibe-or: ich werde gehindert – defend-i-mur: wir werden verteidigt – aperi-ri: geöffnet werden
mögliche Passivformen im Imperfekt: aperi-eba-tur: es wurde geöffnet – dele-ba-ntur: sie wurden zerstört – excita-ba-mini: ihr wurdet angetrieben – defend-e-ba-r: ich wurde verteidigt

6. Wahr oder falsch?
a) Plinius hat den Vesuvausbruch als Augenzeuge miterlebt. – wahr
b) Plinius lebte von 113–61 v. Chr. – falsch (Plinius lebte von ca. 61–113 n. Chr.)
c) Plinius ist berühmt für seine umfangreiche Briefsammlung. – wahr
d) Plinius' Privatbriefe waren ausnahmslos zur Veröffentlichung bestimmt. – falsch (Die Briefe, in denen er als Augenzeuge vom Vesuvausbruch berichtet, waren als Information für den Historiker Tacitus bestimmt.)
e) Plinius der Jüngere ist der Sohn von Plinius dem Älteren. – falsch (Plinius der Ältere ist der Onkel von Plinius dem Jüngeren.)

Lektion 24–26: Formendomino

mögliche Lösung: tantam | noctibus obscuris | vir celer | lapidis duri | viarum tutarum | incolas veteres | eruptioni improvisae | facie pulchrā | itinera aspera | timore magnō | monstrorum ingentium | tectum apertum | domum

Lektion 27

2. Wortgitter: Das Lösungswort lautet »hervorragend«.

P	I	R	H	S	P	A	V	T	L	F	E	O	N
M	D	U	H	B	R	Q	S	V	B	R	T	S	A
H	D	T	O	U	O	B	T	I	N	E	N	S	F
B	R	X	F	L	M	C	U	G	S	R	O	C	T
H	G	N	A	E	I	V	D	Q	T	B	D	I	X
Q	E	U	V	M	T	I	E	L	H	D	C	T	S
P	R	A	E	S	T	A	N	T	I	S	A	G	C
F	E	V	N	N	E	R	T	S	L	M	A	B	E
I	N	G	T	A	N	G	E	N	T	E	M	S	R
U	T	X	I	N	T	I	S	B	E	H	A	D	F
T	I	V	B	O	I	F	N	X	P	I	N	G	R
R	U	T	U	C	L	H	A	B	E	N	T	E	Q
U	M	I	S	N	R	X	S	P	L	B	I	D	F

waagerecht:
O B T I N E N S (5)
P R A E S T A N T I S (6, 11)
T A N G E N T E M (9)
H A B E N T E (1)

senkrecht:
G E R E N T I U M (7)
F A V E N T I B U S (4)
P R O M I T T E N T I (3, 2)
S T U D E N T E S (12, 10)
A M A N T I (8)

3. Formensalat

praestans miles – appetentem poetam – metuentes homines – prohibentibus muris – ludentium liberorum

4. Formendomino

mögliche Lösung: opprimentem | incendio delente | hostium defendentium | iuvenes bibentes | liberis ludentibus | imperatoris decernentis | matri roganti | puer metuens | timorem

5. Der Hirte Paris und seine Tiere

lateinischer Satz	Mögliche Übersetzung
Paris *montes altos spectans* deas pulchras (non) vidit.	Paris sah die hübschen Göttinnen, als/während er die hohen Berge betrachtete./Paris sah die hübschen Göttinnen nicht, weil er die hohen Berge betrachtete.
Paris *sub arbore dormiens* deas pulchras non vidit.	Paris sah die hübschen Göttinnen nicht, weil er unter einem Baum schlief.
Paris *vinum bibens* deas pulchras (non) vidit.	Paris sah die hübschen Göttinnen, als/während er Wein trank./Paris sah die hübschen Göttinnen nicht, weil er Wein trank.
Paris *mulieribus pulchris favens* deas pulchras (non) vidit.	Paris sah die hübschen Göttinnen, weil er hübschen Frauen geneigt ist./Paris sah die hübschen Göttinnen nicht, obwohl er hübschen Frauen geneigt ist.
Paris *flores carpens* deas pulchras (non) vidit.	Paris sah die hübschen Göttinnen, als/während er Blumen pflückte. Paris sah die hübschen Göttinnen nicht, weil er Blumen pflückte.
Caper deas *inter se certantes* diu spectavit.	Der Ziegenbock betrachtete die Göttinnen lange, als/während sie miteinander stritten.
Caper deas *malum aureum appetentes* diu spectavit.	Der Ziegenbock betrachtete die Göttinnen lange, als/während sie den goldenen Apfel verlangten.
Caper deas *multa dona promittentes* diu spectavit.	Der Ziegenbock betrachtete die Göttinnen lange, als/während sie viele Geschenke versprachen.
Caper deas *Paridi persuadentes* diu spectavit.	Der Ziegenbock betrachtete die Göttinnen lange, als/während sie Paris überredeten.
Caper deas *herbas non praebentes* diu spectavit.	Der Ziegenbock betrachtete die Göttinnen lange, obwohl sie keine Gräser anboten.
Deae taurum *herbas bonas apportantem* neglexerunt.	Die Göttinnen beachteten den Stier nicht, obwohl er gute Gräser herbeitrug.
Deae taurum *malum rapere cupientem* neglexerunt.	Die Göttinnen beachteten den Stier nicht, obwohl er den Apfel rauben wollte.
Deae taurum *non praemium habentem* neglexerunt.	Die Göttinnen beachteten den Stier nicht, weil er keine Belohnung <für sie> hatte.
Deae taurum *flores praebentem* neglexerunt.	Die Göttinnen beachteten den Stier nicht, obwohl er Blumen anbot.
Deae taurum *sub arbore remanentem* neglexerunt.	Die Göttinnen beachteten den Stier nicht, weil er unter einem Baum blieb.

Lektion 28

2. Stammformen: Der Lösungsspruch lautet »Die List des Odysseus«.

gestum:	gerere – gero – gessi	sublatos:	tollere – tollo – sustuli
cessis:	cedere – cedo – cessi	laesa:	laedere – laedo – laesi
solutis:	solvere – solvo – solvi	contactum:	contingere – contingo – contigi

3. Fehlerlesen

Das Urteil des Paris ist <u>zugunsten der Iuno</u> *(zugunsten der Venus)* ausgefallen. Nachdem er ihr den goldenen Apfel überreicht hat, zieht er los, um Helena – die <u>mächtigste</u> *(schönste)* aller Frauen – zu entführen. Doch diese ist mit Menelaos, dem König von <u>Troja</u> *(Sparta)*, verheiratet. Zunächst kann Paris zusammen mit Helena ungehindert nach Troja gelangen. Doch Menelaos sinnt auf Rache und versammelt seine Verbündeten, um gegen Troja zu ziehen. Minerva und <u>Venus</u> *(Iuno)* unterstützen die Griechen, während <u>Iuno</u> *(Venus)* sich auf die Seite der Trojaner schlägt. Entschieden wird der lange währende Krieg erst durch die List des <u>Aeneas</u> *(Odysseus)*. Er rät den Griechen, ein riesiges Pferd <u>aus Stein</u> *(aus Holz)* zu bauen und es den Trojanern zum Geschenk zu machen. Einige Soldaten sollten sich darin verbergen und, sobald sie sich innerhalb der Stadtmauern befänden, <u>Friedensgespräche mit den Trojanern führen</u> *(die Stadt mit Waffengewalt einnehmen)*. <u>Laokoon nimmt das Geschenk dankend an</u> … *(Laokoon warnt die Trojaner vor dem hinterlistigen Geschenk)*.

4. Von Achilles' Ferse zur Achillesferse

4.1 Richtige Übersetzung und Zeitverhältnis

a) Thetis gebar Achilles, nachdem sie von Peleus geheiratet worden war. *(ducta, PPP)*
b) Weil die Mutter ihren Sohn liebte, richtete sie alle Sorge auf dessen Wohlbefinden. *(amans, PPA)*
c) Achilles war unverletzlich, weil er ins heilige Wasser getaucht worden war. *(mersus, PPP)*
d) Obwohl er ins Wasser getaucht worden war, blieb der Körper an einer Stelle verletzlich. *(mersum, PPP)*
e) Seine Ferse blieb verletzlich, weil sie von der Hand der Mutter gehalten worden war. *(comprehensus, PPP)*

4.2 Erklärung der Redewendung

Seine Ferse war die einzige Stelle, an der Achilles verwundbar war. Im übertragenen Sinne bezeichnet man heute die empfindlichste Stelle einer Person/eines ganzen Systems o.Ä. als »Achillesferse«. Erwischt man jemanden oder etwas an seiner Achillesferse, hat man dessen »wunden Punkt« getroffen.

5. Alle Warnungen umsonst

lateinischer Satz	Mögliche Übersetzung
Troiani *curiositate incitati* equum in urbem traxerunt.	Die Trojaner zogen das Pferd in die Stadt, weil sie von ihrer Neugier angetrieben worden waren./Von ihrer Neugier angetrieben, zogen die Trojaner das Pferd in die Stadt.
Troiani *magnitudine equi perterriti* equum in urbem traxerunt.	Die Trojaner zogen das Pferd in die Stadt, obwohl sie von der Größe des Pferdes gewaltig erschreckt worden waren.
Troiani *a Laocoonte moniti* equum in urbem traxerunt.	Die Trojaner zogen das Pferd in die Stadt, obwohl sie von Laokoon ermahnt worden waren.
Troiani *a Graecis decepti* equum in urbem traxerunt.	Die Trojaner zogen das Pferd in die Stadt, weil sie von den Griechen getäuscht worden waren.
Troiani *magno metu affecti* equum in urbem traxerunt.	Die Trojaner zogen das Pferd in die Stadt, obwohl sie von großer Furcht befallen worden waren.
Troiani equum *e ligno factum* donum putaverunt.	Die Trojaner hielten das aus Holz gefertigte Pferd für ein Geschenk./Die Trojaner hielten das Pferd, das aus Holz gefertigt war, für ein Geschenk.
Troiani equum *a Graecis relictum* donum putaverunt.	Die Trojaner hielten das Pferd für ein Geschenk, obwohl es von den Griechen zurückgelassen worden war.
Troiani equum *in litore positum* donum putaverunt.	Die Trojaner hielten das Pferd für ein Geschenk, weil es an den Strand gestellt worden war.
Troiani equum *militibus completum* donum putaverunt.	Die Trojaner hielten das Pferd für ein Geschenk, obwohl es mit Soldaten angefüllt (worden) war.
Troiani equum *in urbem tractum* donum putaverunt.	Die Trojaner hielten das Pferd, das in die Stadt gezogen worden war, für ein Geschenk.
Laocoon *a Troianis non vocatus* ad litus contendit.	Laokoon eilte zum Strand, obwohl er von den Trojanern nicht gerufen worden war.
Laocoon *e somno excitatus* ad litus contendit.	Laokoon eilte zum Strand, nachdem er aus dem Schlaf aufgeweckt worden war.

Laocoon *magna voce clamans* ad litus contendit.	Mit lauter Stimme rufend eilte Laokoon zum Strand. Laokoon eilte zum Strand, während er mit lauter Stimme rief. Laokoon eilte zum Strand und rief mit lauter Stimme.
Laocoon *timore commotus* ad litus contendit.	Laokoon eilte zum Strand, weil er von Angst <dazu> bewegt worden war./Von Angst bewegt eilte Laokoon zum Strand.
Laocoon *incolas monere cupiens* ad litus contendit.	Laokoon eilte zum Strand, weil er die Einwohner ermahnen wollte.

Lektion 29

2. Wortgitter: Das Lösungswort lautet »Sommerferien«.

D	R	V	E	L	I	P	S	A	F	E	R	O	L	C
I	T	U	L	E	R	I	T	V	B	R	D	F	O	L
R	U	N	H	D	S	Q	U	L	O	U	T	R	F	N
M	L	I	L	B	F	D	L	X	L	M	N	D	E	U
T	I	V	C	F	E	R	E	B	A	T	I	S	X	S
G	S	B	V	H	Q	D	R	E	T	B	U	A	F	M
V	T	D	N	F	E	R	A	M	U	S	R	T	E	D
G	I	L	U	T	E	F	M	C	S	H	A	Q	R	I
L	N	V	F	X	I	T	S	N	E	R	I	B	I	C
B	D	F	E	R	E	T	V	A	S	L	R	E	M	P
O	T	R	P	G	H	C	A	E	T	B	L	C	U	M
F	E	R	A	N	T	U	R	U	T	S	X	V	S	Q

waagerecht:
F E R O (2)
T U L E R I T (6)
F E R E B A T I S (11, 1)
F E R A M U S (9)
F E R E T (7, 8)
F E R A N T U R (12)

senkrecht:
T U L I S T I (10)
T U L E R A M (3)
L A T U S E S T (5)
F E R I M U S (4)

3. *fer*-liebt, *fer*-lobt, *fer*-heiratet
a) ferunt – b) tulit – c) tulerunt – d) ferre – e) feram – f) ferebat

Die Leute berichten, dass Titus Gaia geheiratet hat. Nach der Hochzeit hat Titus all seinen Besitz in das neue Haus getragen. Freunde sind gekommen und haben Geschenke gebracht.
Aber Gaia musste oft die Abwesenheit ihres Mannes ertragen: Einst musste Titus nach Gallien eilen. Er hat Gaia versprochen: Ich werde dir in Briefen über die Dinge, die passiert sind, berichten. Als Titus nach Hause zurückgekehrt war, gab er seiner geliebten Ehefrau Küsse.

Lektion 27-29: Formendomino

mögliche Lösung: illam | dies illos | rerum iucundarum | laborem hunc | aves has | gloriā maximā | temporibus illis | magnitudini huic | faciei huius | corpora illa | metu magnō | fatum hoc | arcem

Lektion 30

2. Wortgitter: Das Lösungswort lautet »losgeloest«.

P	L	U	R	I	B	U	S	I	V	B	C	N	A	T
O	I	D	Q	N	L	D	G	L	H	S	I	X	P	U
N	C	H	E	V	A	M	Q	G	N	R	O	G	R	I
T	B	A	P	T	X	H	A	E	S	T	M	L	O	O
E	U	N	S	R	G	I	L	N	O	R	P	H	C	E
Q	R	O	M	A	G	N	I	T	U	D	I	N	E	V
A	C	G	R	D	S	C	M	I	P	I	R	C	S	O
X	P	A	L	U	D	E	I	B	R	N	P	Q	S	N
V	D	L	E	C	R	P	B	U	M	H	C	T	I	H
S	U	G	S	T	Q	H	C	S	I	L	V	I	S	M
V	A	L	L	I	S	N	G	T	D	E	B	U	Q	I
E	G	H	A	S	X	I	E	M	O	R	I	B	U	S

waagerecht:
P L U R I B U S (3)
M A G N I T U D I N E (4)
P A L U D E (8)
S I L V I S (6)
V A L L I S (1)
M O R I B U S (9)

senkrecht:
P O N T E (7)
T R A D U C T I S (10)
G E N T I B U S (5)
P R O C E S S I S (2)

– 93 –

3. Stammformen: Der Lösungsspruch lautet »Varusschlacht«.

prohibitis:	prohibere – prohibeo – prohibui		victis:	vincere – vinco – vici
clauso:	claudere – claudo – clausi		amissa:	amittere – amitto – amisi

4. Formenkette

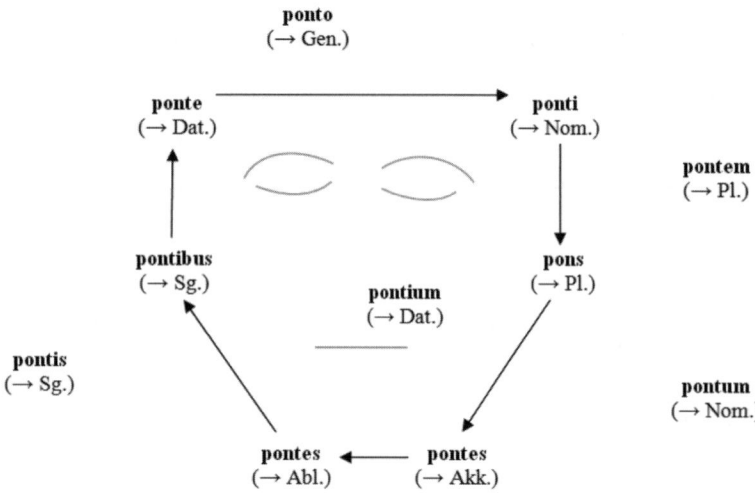

5. Abl. abs. selbst gemacht!

a) *Finibus munitis* milites in castra redierunt. (vorzeitig)
b) *Romanis appropinquantibus* Germani se in silvas abdiderunt. (gleichzeitig)
c) *Germanis subito impetum facientibus* Romani maxime territi sunt. (gleichzeitig)
d) *Viris victoriā gaudentibus* mulieres convivium paraverunt. (gleichzeitig)

6. Im Krieg und im Frieden – zwei Geschichten

Geschichte 1 (vorzeitig):

lateinischer Satz	Übersetzung
Castris positis imperator milites convocavit.	Nach dem Aufschlagen des Lagers rief der Feldherr seine Soldaten zusammen.
Exercitu convocato imperator milites monuit.	Nachdem das Heer zusammengerufen worden war, ermahnte der Feldherr seine Soldaten.
Itinere longo facto exercitus ab hostibus saevis oppressus est.	Nach einem langen Marsch wurde das Heer von den schrecklichen Feinden überfallen.
Hostibus pulsis imperator exercitum non laudavit.	Nachdem die Feinde vertrieben worden waren, lobte der Feldherr sein Heer nicht.
Oratione imperatoris audita milites laeti non erant.	Nachdem sie die Rede des Feldherrn gehört hatten, waren die Soldaten nicht fröhlich.

Geschichte 2 (gleichzeitig):

lateinischer Satz	Übersetzung
Familia hospites exspectante servi cibos parare debuerunt.	Weil die Familie Gäste erwartete, mussten die Sklaven Speisen vorbereiten.
Servis cibos parantibus filius litteras a puella pulchra accepit.	Während die Sklaven die Speisen vorbereiteten, erhielt der Sohn einen Brief von einem hübschen Mädchen.
Domino clamante servi vinum apportare debuerunt.	Weil der Hausherr rief, mussten die Sklaven Wein herbeitragen.
Nocte appropinquante servi tandem laborare desierunt.	Als die Nacht heranrückte, hörten die Sklaven endlich auf zu arbeiten.
Omnibus dormientibus filius clam abiit, ut puellam conveniret.	Als alle schliefen, ging der Sohn heimlich fort, um das Mädchen zu treffen.

7. Adlerauge

Aliquando Hannibal cum Romanis bellum gessit. <u>Alpibus montibus superatis (PPP)</u> Italiam pervenit et complura oppida Romanorum cepit. <u>Multis oppidis deletis (PPP)</u> Hannibal cum exercitu usque ad Cannas pervenit. Ibi multos Romanos acri pugna necavit. <u>Hac clade accepta (PPP)</u> Romani desperabant. <u>Romanis Hannibalem maxime timentibus (PPA)</u> nemo pugnare audebat. Itaque Hannibal Romae appropinquavit <u>nullo adversario resistente (PPA)</u>. <u>Quibus rebus auditis (PPP)</u> incolae urbis Romae omnem spem deposuerunt. Sed <u>castris apud urbem positis (PPP)</u> Hannibal Romam non oppugnavit. Multos annos post apud Zamam victus est.

Einst führte Hannibal gegen die Römer Krieg. Nachdem die Alpen überwunden waren, gelangte er nach Italien und nahm mehrere Städte der Römer ein. Nach der Zerstörung vieler Städte gelangte Hannibal mit seinem Heer bis nach Cannae. Dort tötete er in heftigem Kampf viele Römer. Nach dieser Niederlage verzweifelten die Römer. Weil die Römer Hannibal sehr fürchteten, wagte niemand zu kämpfen. Deshalb näherte sich Hannibal Rom, während/weil kein Gegner Widerstand leistete. Als sie von diesen Umständen gehört hatten, gaben die Einwohner der Stadt Rom jede Hoffnung auf. Aber obwohl er bei der Stadt ein Lager aufgeschlagen hatte, griff Hannibal die Stadt nicht an. Viele Jahre später wurde er bei Zama besiegt.

Lektion 31

2. Formensalat
filiis ipsis – duces ipsi – imperatorem ipsum – auctoris ipsius – mortalium ipsorum

3. Satzpuzzle

Caesare duce Romani plures gentes vicerunt.	Unter der Führung Caesars besiegten die Römer viele Stämme.
Liberis invitis familia longum iter fecit.	Gegen den Willen der Kinder machte die Familie eine weite Reise.
Patre absente liberi multos amicos invitaverunt.	In Abwesenheit des Vaters luden die Kinder viele Freunde ein.
Imperatore praesente populus statim tacuit.	In Gegenwart des Kaisers schwieg das Volk sofort.
Me auctore amicus consilium mutavit.	Auf meine Veranlassung hin änderte der Freund seinen Plan.

4. Wahr oder falsch?
a) Tacitus' Schrift *De bello Gallico* liefert uns Informationen über die Germanen. – falsch (Der Titel der Schrift lautet *Germania*; *De bello Gallico* ist eine Schrift Caesars.)
b) Die Bezeichnung *Germani* existierte schon in der Antike. – richtig
c) Tacitus beschreibt u. a. die Lebensgewohnheiten der germanischen Stämme. – richtig
d) »Germanen« ist eine andere Bezeichnung für die Bürger der BRD. – falsch (Der Begriff bezeichnet die Angehörigen ehemaliger germanischer Stämme.)
e) Es fand keinerlei Grenzhandel zwischen Römern und Germanen statt. – falsch (Es wurde z. B. mit Bernstein und Bier gehandelt, vgl. Sachtext Lektion 30)

Lektion 32

3. Wortgitter: Das Lösungswort lautet »bene evenit«.

waagerecht:
P U L C H R E (4)
P R O B E (7)
I U S T E (9)
A P E R T E (2)
F O R T I T E R (10)

senkrecht:
A U D A C T E R (5)
G R A V I T E R (6)
L I B E N T E R (1)
S A P I E N T E R (8)
I U C U N D E (3)

4. Ein leichtes Spiel – leicht zu spielen?
Adjektive: difficilis – dura – saevis – creber – foedos – nobile – apertum – cupidas – dulci – singulare – audaces
Adverbien: graviter – iuste – publice – maxime – occulte – fortiter – celeriter – bene – libenter – minime – recte – crudeliter

5. Adverbien gesucht!
a) Montem *celeriter* ascendit. Nunc gaudet. Er hat den Berg schnell bestiegen. Jetzt freut er sich.
b) Milites *acriter* pugnant. Die Soldaten kämpfen heftig.
c) Captivus *misere* vivere debet. Der Gefangene muss unglücklich leben.

Lektion 30–32: Formendomino
mögliche Lösung: celeris | crudelitate magnā | hostium fortium | honore maximō | innocentiae summae | arboribus altis | sociis fidis | capitis foedi | equi